中公文庫

「般若心経」を読む

水上　勉

中央公論新社

目次

「般若心経」を読む

「般若心経」全文

摩訶般若波羅蜜多心経
観自在菩薩行深般若波羅蜜多時照見五
蘊皆空度一切苦厄舎利子色不異空空不
異色色即是空空即是色受想行識亦復如
是舎利子是諸法空相不生不滅不垢不浄
不増不減是故空中無色無受想行識無眼
耳鼻舌身意無色聲香味觸法無眼界乃至
無意識界無無明亦無無明盡乃至無老死
亦無老死盡無苦集滅道無智亦無得以無
所得故菩提薩埵依般若波羅蜜多故心無

まかはんにゃはらみたしんぎょう
かんじざいぼさつ　ぎょうじんはんに
ゃはらみたじ　しょうけんごうんかい
くう　どいっさいくやく　しゃりし
しきふいくう　くうふいしき　しきそ
くぜくう　くうそくぜしき　じゅそう
ぎょうしき　やくぶにょぜ　しゃりし
　ぜしょほうくうそう　ふしょうふめ
つ　ふくふじょう　ふぞうふげん　ぜ
こくうちゅうむしき　むじゅそうぎょ
うしき　むげんにびぜつしんい　むし
きしょうこうみそくほう　むげんかい
ないしむいしきかい　むむみょう　や
くむむみょうじん　ないしむろうし
やくむろうしじん　むくしゅうめつど
う　むちやくむとくいむしょとくこ
ぼだいさった　えはんにゃはらみたこ

罣礙無罣礙故無有恐怖遠離一切顛倒夢
想究竟涅槃三世諸佛依般若波羅蜜多故
得阿耨多羅三藐三菩提故知般若波羅蜜
多是大神咒是大明咒是無上咒是無等等
咒能除一切苦真實不虚故說般若波羅蜜
多咒即說咒曰
羯諦羯諦波羅羯諦　波羅僧羯諦　菩提娑婆訶
般若心経

薬師寺「百万巻写経」の手本に
使われた「般若心経」

しんむけいげ　むけいげこ　むうく
ふ　おんりいっさいてんどうむそう
くきょうねはん　さんぜしょぶつ　え
はんにゃはらみたこ　とくあのくたら
さんみゃくさんぼだい　こちはんにゃ
はらみた　ぜだいじんしゅ　ぜだいみ
ょうしゅ　ぜむじょうしゅ　ぜむとう
どうしゅ　のうじょいっさいく　しん
じつふこ　こせつはんにゃはらみたし
ゅ　そくせつしゅわつ
ぎゃてい　ぎゃてい　はらぎゃてい
はらそうぎゃてい　ぼうじそわか
はんにゃしんぎょう

序　章　「まかはんにゃはらみたしんぎょう」

口伝えの「はんにゃしんぎょう」

墨染衣を着た大男の松庵和尚が正座しておられる。膝前のうるしぬりの見台に経本が置いてある。見台は私のためのものではなく、松庵和尚がよむためのものだから、私は見台の背中を見すえている。背中はななめに先上り(さきあがり)になっているので、肝心の経本は見えず、金箔をぬった頭と金襴布の額ぶち表紙のわずかがのぞいているだけで、背のひくい小僧に見えるものは、虫が喰ったため修復されている見台の裏ばかりである。ななめ板に厚木がかませてあって、足がついている。見台板の重量を支えねばならぬ一本足は、孤独に一本だけである。下方に鉄のL字型がうちこまれた厚板があるのだが、それで重い経本が支えられて、和尚がめくるたびにがたがたとうごくのがおもしろい。小僧は、しかし、笑うわけにゆかないのだ。見台の裏を見すえながら、和尚の口からこぼれてくる経文の一節ずつを耳にきいて声に出すのである。

「まあーか」

と和尚はいう。

「まあーか」

と私はこたえる。こたえるのではなくて、きこえた通りをいってみるのである。

「はんにゃ」

と和尚はいう。

「はんにゃ」

と私はこたえる。つづいて、こんどは、

「まかはんにゃ」

と和尚はいう。さらにつづいて、和尚はこういうのだ。

「まかはんにゃはらみたしんぎょう」

私はいう。

「まかはんにゃはらみたしんぎょう」

字がよめたわけではない。九つ半だった。片仮名と平仮名は多少は書けてよめたが、漢字はわずかしかよめなかった。さんまい谷に近くて死者の棺をつくっていた生家には電燈がなかった。字をよんだのは野尻分教場という義務教育の学校で、七つあがりだったゆえ九歳半は四年生。「読み方」といった教科書に出てきた漢字はごくわずかで、それしか、私にはおぼえた漢字がない。それゆえ、和尚は私に経本を見せてもしかたがない、という判断だったのだろう。それとも、経は耳でよむものだというふうなことの信奉者だったろうか。そこのところはわからない。和尚は、ある箇所までよみ、私に復唱させると、時計を見て、エンピツでしるしをつけて、

「今日はここまでや。つぎはあしたからや」

といった。

「今日教えたとこゝゝゝを何べんも口にだしていうてみて、草取りしながら口で復唱しとれば、いつのまにか暗唱できる」

とつけ足した。それで、私は耳から入って私の口から出ていた「まかはんにゃはらみたしんぎょう」を何度もいい、つづいて、

「かんじざいぼうさ、ぎょうじんはんにゃはらみた」

と、意味もわからないままに、耳から入った糸をとり出すように、口に出してみたのである。草取りしながら、風呂の水を汲みながら、めしを焚きながら、奥さんのお子さんのおむつを洗いながら。すると、まだめくってもみない経本の文句だが、つまり、漢字文が、平仮名でいえている自分がわかるのである。和尚は経本のどこかにしるしをつけているけれど、私の頭の中にはそのしるしはないのだった。だから、さいしょにはじまった「まあーか」から、その日のさいごだったところまでが、糸になって入っているので、その糸をたぐりよせて何度も何度もいっているうちに、その一日のぶんが輪になって宙(そら)でいえるようになるのである。

「まかはんにゃはらみたしんぎょう。かんじざいぼうさ、ぎょうじんはんにゃはらみいたじいしょうけんごおんかいくうど」

というふうに出てくるのである。翌日になると、和尚は経本のしるしをつけておいたところからはじめる。昨日のところは一度私に宙でいわせて、きいただけで、次へすすむのである。

「いっさいくうやくしゃありいしいしきふういくうくうふういしきしき」

私は同じように耳から口へひき出してゆくのである。

お気づきになったかもしれない。ここでは漢字の脈絡はないのである。平仮名である。しかも符牒のような文句が和尚の口からこぼれ、私がそれを拾って数珠（じゅず）にしているようなあんばいである。だからはたのものがきいていると、あるリズムをもった平仮名の奇妙なことばということになろうか。奇妙といったのは、和尚と私だけに通じるリズムだった。意味のわからないことばだからリズムしかないのである。

「まあーか」

というのは、のち「摩訶」のことだとわかる。なぜか中に「あ」が入っている。

「かんじざいぼうさ」

もそうである。観自在菩薩（かんじざいぼさつ）が本当のよみであろうが、和尚は私に、

「かんじィざいぼうさ」

と教えるのである。「う」があって「つ」がない。ぼさつが、「ぼうさ」になっているのである。

「じいしょうけんごおんかいくうど」

というのも「時照見五蘊皆空度」のことだが、これだって、げんみつにいうとおかしいよみになっているはずだ。「行深般若波羅蜜多時、照見五蘊皆空、度一切苦厄」というのが漢字経文の脈絡であり、文章だ。ところが和尚のリズムでは前文の「時」からはじまって、「じいしょうけんごおんかいくうど」となるのである。リズムが主に立っている。そのため、度一切苦厄の「度」は前文に入って、つづいて、

「いっさいくうやくしゃありいしいしき」

というふうにつづられるのである。「しゃありいしいしき」とは「舎利子、色不異空」の舎利子と色がむすびついている。したがって、次の色不異空は、

「ふういくうくうふういしきしき」

となる。つづいて、

「そくぜくうくうそくぜえしき、じゅうそうぎょうしき、やくぶにょうぜしゃありいし」

というふうになってゆくのである。漢字のつづりは解体されて私たちのリズムにならべかえられるのだ。

いま私は、のちに漢字でよむようになる「般若心経」が、最初にとびこんできた平仮名文のまま私の頭の中にのこっていることを告白する。

七十二歳になった今も、こうして書いてみていると、「般若心経」は、平仮名でならったリズムのある暗唱文、すなわち「う」や「イ」や「つ」を入れたり、とったり、あるいは、「あ」や「う」でながくのばしてみたりするあの口唱の方に愛着を感じるのである。また、この平仮名のリズムは、摩訶が「まあーか」と「あ」が入ったり、入らなかったりするのは和尚がその日の都合で、「木魚よみ」にしたり、しなかったりすることによってちがったということも、のちにわかる。

木魚よみとは、木魚をたたいてリズムをとってよまねばならないために、

「まあかはんにゃはあらみいたしんぎょうかんじいざいぼうさぎょうじんはんに

ゃはあら」

。印をつけたところはつけ足しであるが、このつけ足しがないことには、木魚のもくもくという音律とあってこないのだ。ために誦唱する経にふた通りあって、木魚がなくて、ただ経本をよむ場合は、

「まかはんにゃ、はらみたしんぎょう」

とくる。「あ」がぬけている。だが、木魚よみでは、

「まあーか」

とくる。この呼吸が大事だと和尚はいった。

松庵和尚の妙技

この和尚は京都の臨済宗本山相国寺塔頭(たっちゅう)瑞春院の住職である。山盛松庵といった。晩年は相国寺の宗務総長をつとめた人で、数少ない声明(しょうみょう)の名手といわれた。京都の臨済派の本山の個性をいうのに、「建仁寺の学問づら、大徳寺の茶人づら、南禅寺のソロバンづら、相国寺の声明づら」などといったそうだ。相国寺

には声明の伝統があって、古くから厳修(ごんしゅ)された大懺法会(だいせんぼうえ)は、宋国の行法そのままが踏襲されたことで有名だ。松庵師はこの懺法声明が誦じられる数少ない導師で、六尺近い巨体から、絹糸のような細声を出して、ながくのばしてとなえる妙技をもっておられた。世俗世界に例をとれば、新内ながしの富士松加賀八さんが、生糸のようにこぶしをきかせてながくひっぱってみせるあの口説きの旋律である。経文にもそれはあって、松庵師は、相国寺派徒弟に教えることを生涯のしごととされた。私はその師匠の弟子として得度式をあげてもらったのであるから、経文誦唱の入り方は、つまり前記したような平仮名から、しかも耳から入る方法によらねばならなかった。このことを、いま、おもしろいと思っている。お経というものが、そういうよみ方でもよめたことのおもしろさである。

よく人は、『孝経』や『論語』『孟子』など、徒弟が師から教わるけしきを、師弟ふたりとも見台に本をおいて、向きあうものと想像されるだろう。が、私の場合は、和尚だけが経本をもち、私にはなかった。あっても九歳半の私には漢字がよめなかったからだ。それゆえ、「般若心経」は、私にとっては、宙でいえるものであり、とても意味のふかい大事なお経というふうには入りこんでいないのだった。そうして、それが、そういうかたちで今日まで生きているのである。

第一章　漢字「般若心経」にめぐりあう

木版ずりの経本

「般若心経」が漢字で私のなかに入ってくるのは、大徳寺よこにあった般若林（のちの紫野中学）で、「仏典」という授業のときだった。和尚からは平仮名の宙(そら)よみで入れこまれた経が、はじめて、むずかしい漢字でとびこんできた。

「摩訶般若波羅蜜多心経」

木版ずりの経本で、奥付に「荒神口　貝葉書院」とあったのをよくおぼえている。十二歳で入学し、三年の二学期までいたから、約二年間経文解釈の授業をうけたのだが、「般若心経」「四十二章経」「涅槃(ねはん)経」「信心銘(しんじんめい)」「十牛図」のほかに、仏教史もあって、ここで、頭の痛い釈迦の説法のところで、やがてあとでもふれねばならない四諦八正道(したいはっしょうどう)を習っている。十二、三歳のことであるから、私に深い経文の意味がよくわかるはずもなかったが、「般若心経」が漢字で眼に入るのは新鮮な感じだった。いつも、平仮名で、口をついて出ていたことばが、じつはこんな固い漢字の文句だったとわかったわけだ。漢字になってみると、さきにのべたように、私が和尚からきいて勝手にリズムをつけ、句読点をつけて誦じていたのとちがった意味をもってくる。というよりは、おかしな区切り方をしてよんでいたこともわかる。そのことがひどくおもしろくもある。意味がわからなくても、字がよめなくても、よめた「経」というものの本体が見えてくる。それは一つのよろこびでもある。この経験は、今日も、人が「お経」というと、頭にうかぶのである。つまり、「お経」とは、じつは字がよめなくても、意味を了解し得なくても、よめるということの不思議さをしったのだ。

したがって、毎週二、三時間はあった授業で、教師が説く「般若心経」は、私には、すでに、宙でいえた平仮名の経が一方にあり、さらに説かれる経がふえて、その方はまた難解の一語につきたのだ。こんどは逆にリズムが解体されて固い意味がわりこんでくる。私の中の「空」とか「道」とかの哲学用語が、私に学問的智欲がなかったためにやたらにむずかしいのである。私は、子供であった。子供だから、歌はうたえた。歌の文句について深くせんさくしてゆく力も興味もないのにである。だから、教師は、反応のない子供の私に手をやいて、ずいぶんつまらなかったろう。どだい、十三、四歳の子に「般若心経」の解説は無理だと思う。

この教師はのち、南禅寺の教学部長をつとめられた蓮沼良湛師だった。師はまだ二十代で、大学を出て、赴任すぐのことではなかったかと思う。蓮沼師が休みだと、湖海玄昌という衣を着た教師が代講にきた。いつもは、事務室にいて事務をとっている人だった。のち若狭と丹波境の奥上林村の寺の住職とわかる。この湖海師の教え方は、蓮沼師とすこしかわっていて、

「色を断ぜんと欲せば、陰を断ずるに如かず、とはやなァ、助平な心を追いはらうためにチンポコを切ってしもた方がええというこっちゃ」

というようなことを教室じゅうをとどろかせるような大笑いをまじえて説く人だった。たぶんこれは、「仏説四十二章経」何段目かの文章についてだったろう。

「般若心経」についてもそうであって、

「空とはな、なーんもないちゅうこっちゃ。この世にあると見えるものは、じつはうそで、なあんもない。月もお陽さまも、眼ェつぶったら見えへんやろが」

というようなことを眼をつぶってみせて説かれるのだった。

「あると思うのも、見えると思うのも、こっち次第。生まれてすぐ眼ェがつぶれておったら、お月さんもお陽さまもこの世にはないんやぞ」

軍艦頭の玄昌先生

湖海玄昌師は、どんぐり眼で頭鉢の大きな人だった。後頭部が軍艦をのせたようにとび出ていた。そこには知識がいっぱいつまっているように思えた。その教師の口から、大笑いとともに出てくる「般若心経」解説は、はなはだおもしろいけしきだった。玄昌先生の口がまずうかび、つづいて、こぼれ出てくることばのリズムだった。そうして、意味となると、やはり、これは難解で、いくらきいてもわからなかった。どこの世に「色（しき）」や、「識」や、「空」や、「五蘊（ごうん）」について興味をもつ十二、三の小僧がいたろうか。いたとすれば白隠さんや一休さんのような、天才小僧にちがいあるまい。一休は六歳で安国寺に出家して漢詩をならったという。白隠さんは、六、七歳で、原の海辺で、雲の行き来を見て無常を感じられたという。「法華経」信者だったお母さんにむかって、無常とは何かをたず

ね、お母さんが、雲を指さして、

「あのように世のすべてがうつろうものだ」

と教えられたと伝にある。それではかわらぬものは何かと問えば、お母さんは、

「すべてのものが無常であるということだけがかわらない」

と教えられたといわれる。この無常を理解し得た小僧だからこそ、あのような傑僧になられた、とこれものちに教わったことだけれど、凡庸な大工の子であった十二、三歳の私には、まだ幼稚なシワの足らない大脳があるだけで、知識欲もなければ、経はよめても理解したいという欲はなかった。

だから、九歳半から仏門に入ったという体験は、同じ入門でも、無常を感じたからではなく、貧困な農家が子だくさんだったために口べらしの必要から、寺へ入れたというのが実情だった。だから、まあ無理矢理寺へ入ったようなあんばいだから、教わる学問も、暗唱を強いられる経文も、じつは、石ころのようなもののつまっている頭へ、砂糖水をしみこませられたようなもので、頭が石であることにかわりはないのだ。大事な「般若心経」が、私の頭をどのように通りぬけて

いったか、というけしきはだいたい想像してもらえようか。いまは、この十二、三歳で、「般若心経」とめぐりあった時期がなつかしい。そうして、そのことが、今日の私の「心経」解釈につきまとってはなれない大事なことのようにさえ思えてくる。

「般若」とは智恵である

「摩訶」はサンスクリットだと「マハー」とよむらしい。湖海師は、「でっかいいうこっちゃ。大きいぞ、この世の何もかもを入れこんでも、まんだ場所があまっとるぐらいの大きな世界というこっちゃ」

のちに般若が結びついたので、それでは大般若のことか、と「大」を「摩訶」にすりかえてみて了解できたことをおぼえている。

「般若」はサンスクリットでは「プラジニアー」とよまれ、智恵とか真理とかの意味であると、のちの本にある。それを湖海師は、

「智恵は智恵でも、お前らのような片よったもんやないぞ。物のほんとうの姿が

見える智恵や。あっちへ片より、こっちへ片よりしとる小才じゃない。この世にありとあらゆるものの実体が、やわらかく、しずかに見えてくる智恵じゃ。わかるか。しずかにやわらかく見えるいうことが……」

フィーリングはわかる。しかし、やわらかく見えるとはわからぬ。やわらかいというのはさわってみねばわかるまい。それではあの般若の面は何か。おそろしいような片よった顔をしていないか。じつにおそろしい面だ。眼はくぼみ、光り、口はへの字で歯が出ている。頭にはツノがある。こんなものが智恵の面か。あほらしい。小才をはたらかせて、疑問を自分に芽生えさせてみるが、湖海師は大笑しつつ、

「この世のものを色メガネで見たらあかんぞ。ほんまの姿を見失うぞ。そういう大きな智恵を般若というんや」

「波羅蜜多」とは、サンスクリットでは「パーラミター」というよみだと湖海師はいってから、「六波羅蜜いうて、布施、持戒、忍辱(にんにく)、精進、禅定(ぜんじょう)、智恵の六つの道をあるいて、彼岸へゆくことができるということっちゃ。東山区の六波羅蜜寺

という寺があるやろ。あの寺の由来もこれや。人間には、すばらしい智恵があって、お悟りがひらけるということは、まよいの闇の世界から、光のある自由な世界に入るということやな。それには、いろいろと守らんならんものがある。それを六波羅蜜というんや」

六波羅実践の道

「心経」とは、真理をつらぬく教えということになろう。つまり、たった四字の般若心経が、じつは、「摩訶」と「波羅蜜多」が入ることで、このような意味のつよめとなっていることを教えられる。たんなる智恵のお経ということではなくて、六波羅実践の道が説かれてゆくわけだが、もちろん、子供の私にはわかるはずはなく、師匠が軍艦頭を左右に振って、口から泡をとばし、

「ふせ、じかい、にんにく、しょうじん、ぜんじょう、ちえ、この六つをいうてみい」

といわれれば、松庵和尚から教えられて、耳から口につむいで出したようにお

手のものだった。

「ふせ、じかい、にんにく、しょうじん、……」

と私はいえた。にんにくしょうじんといえば、台所くさいイメージはかけ走るけれども、それがありがたい彼岸へいたる道を歩くための、つまり悟るための精進道なら、この六つは重要だろうという気はする。

八条坊城にいた叔父が下駄屋をしていて、ひまがあると、というよりは、教練の時間がイヤだったので、寺に用事があるとうそをついて、サボって学校を出たはよいが、瑞春院へ帰るには少し早いので電車にのって八条に出る。下駄屋へ行って、従妹らとはなして帰るさい、六波羅はこのあたりだったかと、大宮七条のあたりで、窓ガラスに頭をつけてみたが、見えるのは、東寺の森と五重の塔ぐらいで、どこにその波羅蜜多の寺があるのか見えやしない。

私にとって「般若心経」が漢字でとびこんできた時代の思い出をしるしてみたのであるが、読者はどうか。「心経」とのめぐりあいは、人間それぞれちがうと思うが、私のような、幼少で仏門に入った者のめぐりあわせはざっとこのようなもので、経の本体が、意味ぶかく、私にとりついてくるけしきはどこにもない。たった二分間でよみおえることのできる短かい経文は、むかしから字数も、漢字もかわらないが、こっちの生きてゆく暦のふしぶしで、入りこんできては去り、去ってはまた入りこんできた。そのようなお経の一つであった。したがって、これから、私が入ってゆく「般若心経」とは、今日の私が、過去いくたびか、私をすぎていった経文を思いおこしながら、私の七十二年の、げんみつにいえば得度してから六十二年の歳月のすぎこしがかさなって不思議ではない。そのすぎこしとは親兄弟とのかかわりはもとより、すれちがった仏教の先師や文学の恩師や、友人や、愛憎をともに分けて、くっついたり別れたりした女性たちとの暦がかさなっても不思議ではない。つまり、はなはだ偏見的で私流の「般若心経」とのかかわりということになろうか。

第二章　正眼国師の『心経抄』と私

「心経」の真髄

「観世音菩薩は、たいへん深い智恵のきわまりを行じおさめられたお方だが、物と心のあつまるところの一切は、そのままじつは空(うつろ)なのだとお悟りになった」ではじまる冒頭は、「心経」の主旨である。仏教教理のもっとも肝心なところを簡単にいい得ている。物と心のあつまるところは五蘊(ごうん)である。世の中のすべての存在、かたちあるものを「色(しき)」というが、それらは「受」「想」「行」「識」の四つの精神作用から生じている。「受」とはたとえばここに万年筆とかインクがある、という感覚であろう。「想」とは、万年筆とインクはべつべつのものだが、どっちも私になくては、いまこの原稿を書くことができぬという感覚だろう。「行」とは、しかし、万年筆は、モンブランがいちばん自分にはつかいやすくて、文章を書きはじめてから、かれこれ四十年になるが、一日も手放さずにきた、旅行にも欠かさなかったな、などと思う感覚だろう。「識」とはこういう私の全身にある感覚器官のすべてをあつめて、インクだ万年筆だと認識している私の感覚といってよいだろう。

観世音菩薩は、波羅蜜多を行深実践された結果、照見された。月の光が、山も川も草も石ころをもわけへだてなく照らしだすように見きわめられた。五蘊つまり、私たちが、インクだの万年筆だの、月だの光だの、川だの山だの、人だの虫だの、石ころだの草だのと見ているこの精神作用は、じつは、本来「空」なのである。存在しないものだと悟られたというのである。私は、このことを、湖海玄昌師からも、蓮沼良湛師からも習ったが、どうして空に見えていたお月さまが、じつは存在しないだとか、そのお月さまがさし出しておられる光はもともとないものなのだとか、そこが古い教室だったから、見えていた黒板や机や白墨入れだとかが存在しないといわれても、馬鹿げたことだという気がしたことを今日もいつわれない。在るから見えるのではないのか。なければ見えやしない。まあ、月にかぎれば、雲が出てくるか、こっちが眼をつぶるかすれば、見えぬようにはなるが、凡庸な私には、つぶっている眼の底にさえ月はまだ見えていたから困ったものだった。これがもともとなかったものだと悟れといわれても厄介な気がしてくる。もともとないものを月だ光だと、私たちは五蘊によってとらえているのだということがわからない。じつは月も光も山も川も実体のないものである。ただ私たちは感覚を働かせているだけだと菩薩はいわれるのだが。

「人間の自在なる徳」とは？

正眼国師（盤珪禅師のこと）に『心経抄』という「般若心経」解説書がある。私は数多い「心経」注釈書の中で、この書と、一休禅師の『摩訶般若波羅蜜多心経解』をのちにおもしろく読んだ者のひとりだが、国師は、この「心経」の冒頭について、次のように申される。

「摩訶般若波羅蜜多心経とは天竺の言なり。唐にては摩訶を大と云ふなり、般若を智恵と云ひ、波羅蜜を到彼岸と云ふ。経とは自心なりと知るべし。夫れ是は釈迦、達磨の作でもなく、千仏万祖の作でもなく、人々本来明かなる心なり。始なきが故に終あることなく、草木国土、十方世界、常住一相の心にして、終に迷ひも悟りもせぬ物なり。然れば常住なるものかと云へば、常住と見れば、即ち常見になる。無き物かと云へば、無の見になる。仏かと云へば、仏見になり。一切衆生が其の儘この本心かと云へば、衆生見になる。それならばどのやうに心得べきと云ふに、どのやうになりとも心得やうがあれば、こしらへ物になる。一切ありとあらゆる言説、名相、思惟、分別を着れば、一物になる。爰に於て、古代も今時も、此の法に志ある人、大に誤を取ることなり。一切言説を離れ、有無にあらず、声色にあらず、名も無く、相もなきなり。手も付られず、思惟も及ばぬ物なり。（中略）此の如く兎も角も云ふべきやうはないに依て、心と名づけたるなり。若し昔より心と云ふ字なくんば、何とも云ふべきやうはあるまじきなり。人々は只心と云ふ名を覚えて、其の名にだまされて、心じゃ〳〵とおぼえて、ひたすら心を明めんと思ふたりや、心のそこねぬやうにせんと思ふたりや、色々に分別して分別すれば、分別するほど分別じゃになる。心と云ひ、道と云ひ、空の、菩提の、涅槃の、般若の、智恵のと云ふは、みなよき名字を付け、ほめて云ひたるものぞとしりたらば、手が離るべきなり」

まことに興味ぶかい解き方である。それではこの世に一切文字というものがないのか。何ともかとも、思われも、いわれもせぬものだなと、立ちまわって分別しないではおれない、この心を、「心経」は説くのだといわれるのである。

摩訶とは「大」ということで、「般若」は「智恵」となれば、いかにも大きな智恵があり、光り輝くようなものに人には思えてならぬが、じつはそうではなく、智恵は人間の自在なる徳をほめたことばである。

「人間の自在なる徳」とはまず、見聞の上でいうと、内に見ることと思うことがあって、それを見たりきいたりするのではないけれど、眼の縁、耳の縁で、黒を白と見あやまりもせず、鳥の声を太鼓の音とまちがえもせず、あつい、けだるい、どんな立居ふるまいも、一切心をくばらずに、不思議に明らかである。これを本来明らかなる智恵というのである。

この智恵というものは、自分も人も、仏も祖師も、畜生も禽獣（きんじゅう）ももっていて、それらは、仏に多くて、凡夫に少ないものでもなく、鳥もけものも、同じようにもっているものである。また、これは、生物が生きている以上は、減ったり増えたりするものでもないのだそうだ。さすが不生禅の創始者のことばといえる。

これを悟ってくると、たくさんの文字を知り、経論に通じ、詩を作り、歌をよみ、世間のことに賢く利巧になるということは、たとえば、金銀をたくさんもっているのと、もたぬ差ぐらいのことで、人には差はない。たくさん物をしったとてうらやましくもないし、またしっていないのも、気の毒なことでもないのである。ところが、この智恵（本来の明るい徳）を正にも、邪にもする、仏にも凡夫にも、畜生にもするのは、自分の分別というものだ。

たとえば、ここに明るい鏡があって、うつくしい顔をうつし、みにくい顔をうつし、黒と白、長い短かい、円いだの四角だのと、何にてもあらゆるものをうつすのに似ていて、鏡は、そのままをうつす。けれども鏡の方から、それらの影をとめておきもしないし、汚ない、みにくいものは嫌いじゃということはない。うつくしい顔をみても、鏡が何かいうはずもない。これが鏡の明るい徳というものだ。人の心の徳もこれに似ている。

ところが人は、よいことが到来すると、これはよいことだととりつく。わるいことはにくむ。貪欲、瞋恚をそだてる。じつは根も姿もないはずのものをそだてるのである。といって、それでは、この心に、鏡のようなものがあって、いつもふきんで磨いておらぬといけないものかというと、そんなものでもない。いつもきれいにしていなければならぬのでは厄介なものだ。よく磨いて心が明らかになるものでもない。照らすままに照らす、自在なるものである。

六祖慧能大師の逸話

正眼国師はここで、六祖慧能大師の逸話をひき出される。六祖慧能とは、始祖達磨から六代目の祖ということだが、この方は広州の生れで、幼ないころ父に死に別れ、母と貧しく暮らしていたが、ある日、薪をとりにいった帰りに金剛経を説く道者に会い、この説法に感心して、どこへゆけばそのようなお経をくわしく教えてくれるか、と問うと、道者は、黄梅県の東山にある東禅院というところにゆくと、弘忍というえらい師匠がいて、大勢の学生が学んでいる、そこへゆけばよい、と教えられ、母と別れて修行の旅に出る。黄梅県は、いまの武漢の東方山中にあって、揚子江の九江に近い。北は深い山である。その辺境まで歩いてゆき、東禅院にきて、弘忍禅師に相見するが、新参者の慧能は、学生たちの食事の世話役を命ぜられ、朝から晩まで米をつき、薪をつくる仕事ばかりである。小柄で背のひくかった慧能は、米をつく足に力を入れても、キネはもちあがらないので、腰に石をくくりつけた。そんなことをして台所で働いていたのだが、ある日、弘忍が弟子をあつめて、菩提心、すなわち人間が悟る心とはいかなるものであるかを詩偈(しげ)に書いて壁にかかげておくように命じた。弟子たちは、いろいろ考えたが、いちばん上座だった神秀(じんしゅう)という秀れた弟子にまかせた方がよいだろう、神秀さまなら智恵もあり、経論に通じておられるから、と申しあわせた。神秀上座は、弟子たちの代表として、次のような詩偈をつくって壁にかかげた。

身是菩提樹
心如明鏡台

時々勤払拭
莫使惹塵埃

躯(からだ)は悟りの木であり、心は明鏡台のようなものだ、常に修行につとめ、ふききよめ、塵がつもるようではいけない、といった意味のことだろう。もちろん、弟子たちは感心した。この話をきいた米つき男の慧能は、壁書のあるところにきて、自分は字がよめないので、若い弟子に、どういうことが書かれてあるのだときくと、かようしかじかのありがたい詩だという。慧能は、そこで、字の書けるその弟子にたのんで、次のような詩偈をそこにかかげさせる。

菩提本無樹
明鏡亦非台
本来無一物
何処惹塵埃

悟りといったって、そこに菩提の木があるわけではない。明るい鏡といったって、心に台があるわけでもない。本来は何もありはしない。ありもしないところにどうして、塵がつもるものか。

翌日、弘忍禅師は、この二つの詩偈を見て、あとの詩の方に、禅境のいちじるしさをみとめ、誰がこれを書いたのかときかれると、最近来た米つき男だという。この慧能こそ、自分の法を継ぐ弟子だ、学識ある神秀上座よりも、無学の慧能の方に修行の深さがあるといって、台所にきて慧能をさがし、その夜、金剛経を説いた。慧能は応無所住のところで大悟した。そして、迫害をおそれてその夜のうちに東山を逃亡する。また一説によると、師匠がほめているときいて、どこかへ去ったともいう。弘忍は、すぐ弟子を走らせて、慧能に衣鉢（いはつ）をあたえる。だが、慧能はその衣鉢さえうけとらず、母のいる故郷へ帰り、広州で、法をひろめて、ここに神秀の北禅に対抗する南禅をひらくのである。学識よりも、体験派の登場であろう。中国禅宗史で、もっともおもしろい逸話であるが、のち六祖となった慧能が、たった八ケ月を米つきでくらした東禅院の壁書は、まこと、般若心経の世界かもしれない。正眼国師は、心経を解くのに、この話をもち出して、

「去るに依て、六祖の明鏡非台と云はれたるは、此のことなり」

といい、本来明るい徳なるものを鏡にたとえ、その鏡なるものは、じつはないといわれたのである。

不生不滅の正体

さてそれなら、よいことを愛さずに、わるいことをにくみきらわぬよう用心してくらすかといえば、そうでもないのだ。六祖の鏡のたとえのように、本来にそういう瞋恚、貪欲をもつ人間なので、そのままそれでよいのである。元来、何もないのである。何もないのだから、文殊菩薩がいうところの、瞋恚も是れ実際、貪欲も是れ実際である。ここが重要なところだが、人はよく、ここをまちがえる。貪欲、瞋恚の性が、元来の智恵なのだといえば、それでは心安いことではないか、というところから、放逸にしておると、悪が起きる。そこで、仏力にすがって、

念仏を申し、誦経にはげんで、まぎらわそうとすることになる。これは、犬が水にうつった己れが影に吠えたてているようなものだ。一切が分別の影なのだ、とわかれば、守りそだてるものもない。にくんで遠ざけるものもありはしない。その影そのままが不生不滅の本地である。影だと見たのは、こっちの心にうつった分別だ。その分別をそのまま、不生不滅だというのでは、鏡に物をうつすときに、その影が鏡の底に生じたものでもなく、物の方から鏡へ入りこんだものでもなく、また両方から申しあわせて入ったものでもない。ただ明らかにうつってあらわれたものだ。これこそ不生不滅ではないか。さてそこで、そのものを鏡からひいてみると、影が鏡にかくれたわけでもない。ただ、影がなくなったのである。人間の感覚においても、このことはいい得よう。見るもの、きくもの、一切が心にうつるのだが、じつは、みな、不生不滅なものだ。眼の縁、耳の縁、六感が働いて、それぞれありありとうつるように思うが、生じたものでもない。といって、縁がなくなれば、ありありとなくなったようだが、なくなったわけでもないだろう。

私は小僧のときに、良湛師や玄昌師から、このあたりの理屈を教えこまれて、山も川も、月も光も、あるものではない、といわれて、教室で眼をつぶってみた経験をいまここで思いおこす。眼をつぶって、何も見えないぞ、と思った。そこらあたりを、正眼国師は、「眼の縁」といわれているのかもしれない。つぶれば見えぬながら、月はやはり空にあったのである。眼をあければ見えた月も、光も、つぶれば見えなくなる月であり光であり、それらは月々欠けたり、円くなったりした。そうして、時には雲にかくれたりしたが、私は、その月と光を、どうしても、元来「空」なるものと見なかった。ありはしない、とうけとれなかった。そのあたりの思いが、七十二歳のいまも、「心」にのこっていて、いま、正眼国師の解説をなぞっていてかさなってくる。

第三章　一切は「空」である

花一輪に大自然をとじこめる

最近、感じたことがある。うちの次女は、生まれながらに、二分脊椎の子で、歩けずにいる。くるま椅子でのくらしである。生まれてすぐの障害だったから歩くことを知らない。その娘の感性から教わったことの一つ二つなのだが、彼女は飛行機が好きだった。三歳のときに大分の病院で大手術をやったが、経過を診てもらいに母親と通ったころから飛行機が好きだった。十八歳のときに、パラリンピックがあってオーストラリアへもいったが、飛行機は快適で、いささかも恐怖心がない様子なのが私とちがっていた。私は飛行機にのると、いつ墜落するかもしれないという恐れをもつ。あんな重たいものが宙にういているのがおかしいという発想があって、また事実、墜落事故もあるので、国内旅行ではめったに使ったことはない。時間をかけても汽車か電車でゆく。その方が安心なのである。つまり娘とちがって私には、地球というものは、歩く地面の総体としてある。まるい球体は、歩いて、つまり、足をつけていれば安心だという固定観念からきているが、娘の場合はちょっとちがうようだ。娘は歩く地球の感覚をもたない。くるま椅子でゆく地球だし、また、車や自転車がつねに自分を追いこしてゆく、煩瑣な通りのある球体でもある。だから安心どころか、地球は娘にとって、厄介な地面をもっていると思えるらしい。らしいというのは、きいてみたことはないからだが、たぶん、飛行機が気にいったといううらには、すわったままで、窓の外をみていると、地球の方がいざってくれる。この景色は快適だったにちがいない。

もう一つは、これは、小学生のころ、健常な子らといっしょに学業していて、先生に引率されて山を描きに集団で、どこやら、神奈川県下へ出かけた。見はらしのよい山が見え、川が見えた。生徒たちは山野へ散って、写生板をひろげて自由画を描きはじめた。娘は歩けぬから、ひとところにじっとしていて、描いたのは一個の足もとの花だった。山でも川でもなかった。それは百合である。四枚の花弁がだらりとたれていて、めしべが何本かつき出ている。桃いろの画用紙に、娘は白の絵具をつかって、かんたんに花びらを描いた。健常な子らは、山を川を、森をかけまわり、ここぞと思うところにきて精一杯見すえ、一枚の画用紙に広い自然をとじこめようと、一心不乱だった。それでいいのである。あまり見たこともない山や川のある大自然にふれたのだから、当然、画面には、何もかもとりこんで不思議はない。だが、娘は、足もとの一輪の花に、その山河をもちこんだのである。

この絵をいま、私は軽井沢の玄関よこに飾っている。ながめていると、なかなかできのよい絵に思える。絵の向こうに山も川もない。画用紙の桃いろの地があるだけだ。じつはこの白い花弁に、大自然がないとはいえない。そんなことを、私は教えられているのだ。菩薩が、五蘊が空なるものだといわれたのなら、山も川も娘には見えず、一輪の百合が見えたこの宇宙観を尊ぶ。それで山や川が存在したのである。ここのところが私をいま、この一切空であろうとするところの哲学へみちびく一本の道を暗示する。

相国寺にいたころ、雲水がよく托鉢に歩いていて、頭陀袋（ずだぶくろ）のたれに相国僧堂と字がぬいてあった。うらがえすと「無一物中無尽蔵、中有風露香」と字がぬかれていた。頭陀行の袋は米やその他の物をもらわねばならぬからいつも空っぽにみえても、中につくせないものがいっぱい入っているぞ、風や露の芳しい匂いもしておるぞ、というのだろう。黒いつぎはぎだらけのあの袋に、修行僧が托している無尽蔵の世界とは、もちろん、五蘊の世界だろう。だが、もともと空っぽの袋なのに、われわれは、そこに風露の香しさがあると認識する精神をもっているのだ。山や川が広々とひらけているのに、足もとの花一輪に、その山川をとじこめる精神をわれわれはもっている。とすると、そこにあるものとか、ないものとかいうことは、はなはだ実証性を失ってくるではないか。

人間こそ菩薩である

華厳経というお経に、十鏡のたとえばなしが出てくる。鏡を十方にかけると、一鏡の中に九つの鏡がうつる。一つ一つ見てゆくと、百千の鏡が見える。ところが、その鏡は少しも広くなったりはしない。そのように人の心も、たくさんの物がうつり入りこんでくるからというて、心が多くひろくなるわけでもない。眼に見える鳥の声をきき、舌に味わいつつ身のあつささむさをいい、一度におぼえたといっても、それでは眼に見えるのを待ってから、耳に入る音をきいて、それが心に通じたということでもなくて、それで、まちがいもないのである。見るきくものが自在である。それで、この大いなる智恵を悟られた仏を観自在菩薩といったのである。観は見ることをいうようだが、そればかりでなく、六根もみな同じである。菩薩は、じつは慈悲第一とする。慈悲というのは、さても悲しいことだ、あわれなことだというようなことではないのである。それは心のこしらえものであって、愛着におちている。元来人間は、本徳をもっていて、仏も衆生も同じなのだ。非道を犯す衆生はあり得ない。鏡に己が顔をうつしてみるがよい。自分こそ観自在菩薩ではないか、と正眼国師は説かれるのだが、「行深般若波羅蜜多時」（ぎょうじんはんにゃはらみたじ）ということは、こしらえて行をするということではないといわれるのだ。日常何でもない動作のなかに、般若を行じておるといわれるのだ。立つも般若、すわるも般若、見るものきくものすべて般若だが、それで、どれもこれもに般若と名をつけては般若ができすぎる。立つは立つ、すわるはすわるでよい。わるいことをするのも般若だ、よいことをするのも般若である。

「仏より畜生に至るまで、一つも一心の幻作にあらぬ物はなきなり。その自心本来より、今日ありくとして、現在するに至ても、何をか指して自心じゃ智恵じゃとかたどり、名を付くべき処のなきことをしりたらば、貪欲とも瞋恚とも、大悲とも仏とも心とも名の付けやうのなきものなり」

と国師は般若の解釈をなさっている。観自在菩薩は、般若波羅蜜を行じられた。深遠なる智恵の完成を実践されていたときに、すべてこの世に存在するものは、五つの構成要素があると見きわめられた。しかも、これらは、みな実体のないものであるということを悟られた。

色身には生滅がない

「照見五蘊皆空度、一切苦厄」とはそのことである。五蘊とは、色、受、想、行、識の五つである。蘊はつつむという意である。人間の軀は、この五つをつつんだものだ。色というのは、色身。受というのは、六根をうけることである。六根とは、色、声、香、味、触、法の六感である。想というのは、心に何やかや思うことである。行とは昨日の自分が今日にうつり、若きより老いてゆく、このうつりゆく働きをいう。これらのことを知るのを識という。この五蘊は先にいった如く皆空なのである。よく人はこの色のことを、六根をつかさどる本心のところだとしてとりついてみせる。そういえば五蘊はみな空じゃといえば、この身があるじゃないか、と思われるので、そこから生きることをよろこび、死ぬことを悲しむ思いがしてくる。この身は、じつは、父と母が和合してくれた縁によって生じたものだから、出自のもとは、もともと自分という「我」のないはずのもの。たとえていえば行灯(あんどん)の灯のようなもので、灯芯と油と皿(かわらけ)があって、ありありともえている。人の身もこのようなもので、この身をいちいち、地水火風にもどして、空じゃというのは、そういう眼をもつ人にいうたことばで、もともともどすに及ばない。そのままで、もどっているのである。自分の眼に色が見えたと思い、鳥の声が耳に入ったと思う。六根ともにみなそのように思い、それらの思いはみな縁によってでなく、何か思わくがあるように見えるということをしらないで、本当に物がうつりゆくと思い、若い人が年をとって行くと思う。ことごとく自分らの分別だ。分別のない身の方から、自分と名のりはしない。一切万法すべてがみなそのようなのだ。

ところで、この五蘊が空だからというて、むなしく思うことはない。むなしいと思う分別もないときを、虚空と名づける。これをよく知ると、生まれてきた過去もなく、再び生をうけるべき未来もない。生死ともにないのだから生きる現在もないことになる。鳥は空をとんでいるけれど足跡はないのに似ている。魚が水を泳いで何のさわりも見えないようなものである。親を親の如く、子を子の如く、兄弟、妻子、他人、知人、みなそのままで、何の子細もあるものではない。だから、道元和尚はいわれた。

水鳥の行くも帰るも跡たえてされどもみちはたがはざりけり

このように、色身そのままで生滅がないから、身の縁が終って、再び生をうけるということもなく、色身をはなれた心が空のようになっているということもないのである。

物質の存在は空である

ところで、こうまで、さっぱりと悟ってしまえば、死んでしまうと、その心というものはどうなるのかときく人がいる。現在、ありありとしているときにさえ、分別をはなれて、いろいろの思わくもはなれて生滅もない。このように、自分の周囲をいちいち明らかに照らしてみることを名づけて一切の苦厄を度すというのである。自ら悩む分別の苦を幻夢の如く、空華の如く、一切分別の影とわかれば、ありのままで空なるがゆえにである。

菩薩はこのことわりを悟られた。それゆえ一切の苦厄から救われたもうた、と「心経」はいうのである。もともと、苦しいことや、楽しいことがそこにあるわけではないのだった。たとえ、あったとしても、それにとらわれなければ、ないことと同じだ、と悟ってしまえば、苦しいことや、悩んでいることからも解き放たれるだろうと心経はとくのである。そういう精神作用を人間はもち得る。すばらしいではないか、と菩薩はいわれるのである。

そこで経は次にすすむ。「舎利子、色不異空、空不異色。色即是空、空即是色。受想行識亦復如是（じゅそうぎょうしきやくぶにょぜ）」。

舎利子よ。あらゆる物質的存在は、空にほかならない。空がそのまま物質的存在にほかならない。物質の存在は空。空が物質の存在だ。あれがある、これが見える、こんな思いがする。あんな気持ちになってしまった、というような私たちの精神作用だって、物質と同じく空なのだ。何もないのである、と菩薩はいわれた。

舎利子というのは、舎利弗（しゃりほつ）ともいい、「シャーリプトラ」とサンスクリットではよばれている。なんでも、釈迦の弟子のなかで、いちばんの智恵者だったという解釈書もある。その智恵のある弟子に、菩薩はいい諭された。「色は空に異ならず」と。見えるもの感じるもの一切は、もともとなきものだ、と。

第四章　私版「色即是空」の世界

すべては空諦の中にある

「色は空だ」ということは、子供のころからそれほど実感はなかった。玄昌師や良湛師にたてついて、月も山も川もあるじゃないかと思ったように。だが、正眼国師の深切な解釈をよんでいると、いま心にしみてわかる気もしてくる。のっけに卑近な例ではずかしいが、色といえば、私には女性が思いだされる。これはごく自然なのである。二十代のころ、夢中になって追いかけていた女性に後にめぐりあうことができた。六十五歳になっていたその女性は、私より二つ年上だったので、しわくちゃのばばさまになっていた。会うまでは、私は、四十年以上も会わなかったから、うかつなことに彼女はまだ若くぴちぴちした顔であるとは思わないまでも、しわくちゃのばばさまだとは思ってはいなかった。ところが、たった四十年のうちに、彼女は、あのぴちぴちした美貌と若さをうつろわせていたのである。色は空だな、と私は思った。二十代のままだとは思わないまでも、きっとまだ美しかろうと、想像していたわが心の方が空だったと悟ったのである。彼女にはわるいが、しかし、恋人でなくても、うちの女房にしてもそうである。ずいぶんしわがふえてきた。色なるものの永遠を思ったことの空しさを感じさせる側近の材料である。

世の中のものすべては空諦の中にある。物も人も、風も月も、みな変化しているのである。無数の原因によってうごき変化しないものは何もない。女性が私には、身にしみる変容だといったが、私自身もそうである。人ごとではない。花がちるのも空しいではないか。月がかげるのも空しいではないか。そうして、そんなあたりまえのことを空しいと感じているわが心も、これまた空しいではないか。私は、菩薩の悟りをもたぬ凡庸な男だけれど、これぐらいは身にしみてわかる。

ところが、菩薩はさらに語をついで、「空不異色」とつけ足された。もう一つおしすすめて、「色が空なら空も色に異ならず」とおっしゃった。私たちが見ている月も光も人も、じつは実体がないものを私たちは有とみているのだから、あらわれている物を不変なものと思いやすい。これをすべてのものは「仮にある」と考え直せばどうだろう。私が地球は地面の広い球体だと認識して、歩いておれば大丈夫だと、凡庸な安息感をもって、娘の遠い空の旅を心配したのも、私の仮有の地球への考えだった。娘の方も、地球の方がいざってくれている、とすわったままでゆきつけた飛行機の旅の快楽をよろこんだが、これも仮有の地球への思いに相違あるまい。もともと、そんなものは何もなかったのである。誰がまわる地球を予想しながらめしを喰っていようか。誰が、一秒一秒しわばんでいるにちがいない恋人を認識して接吻しようか。凡庸な私たちは、そこに永遠性のある存在と錯覚することにおいて、地球を足もとに去らせる旅を快く思い、花びらのように匂う若い女性のくちびるに、ときめきをおぼえてきたのである。おお、この無尽蔵なる凡庸人の錯覚よ、と菩薩は、徹底的に、地球や女性の存在を否定される。

生きの身のありがたさ

さらに菩薩はいいまわしをかえておっしゃる。「色即是空、空即是色」と。これは、七十二にもなると周辺の誰もがいうことばである。耳にタコができるほど私たちはきいた。菩薩からではない。失恋や挫折をかさねた友人の口からである。つまり私はごく卑近な生活経験の中に、このことばを耳にし口にしてきたのであるが、いま、そのことからしても般若心経の哲学が、私たちの心にしみこんできた証しをみとめないではおれない。ある友人は、色好みに秀でて、若いころは、ずいぶん女あそびもしたが、昨今になって、「色即是空」を悟ったという。色欲の道も、つきつめてゆくと結局は空しい色の道であったことに思いあたったというのだが、かなりこれには実感をともなって、私にもしみるのである。私も友人のようにまだ悟ってはいないが、しかし、色うつくしいと見える女性に、心をときめかせながら、心の隅で、この一瞬のよろこびも、すぐうつろうぞという思いはある。だが、そんなふうな「空」をうらうちしてかりそめの色の美しさに見とれることは、花ならぬ女性のうつくしさにすまないような気がすることもたしかである。菩薩や友人のいうように、美しい容貌もひとときのことだというなら、そのひとときに永遠なる思いをこめて、その美しさが実体なのだ、空などであるものかと、狂うようにめでているときが、生きの身のありがたさだと感じる、といったら、菩薩はもちろんお叱りになろう。だから、私は小僧を十年もつとめた仏門をとび出さねばならなかったのである。とても仏弟子の資格がないのだった。「色すなわち空、空すなわち色」。

眼に見える現象のすべては実体のないものだ。実体のないものが、じつは眼に見えているだけのことで、この二つを悟れば、大智大悲を成じて、現世も涅槃もあったものではない。極楽も地獄もである。地獄も極楽も、現世も涅槃も足にふまえて、すべてのものを有るがままに見られる仏眼がそなわる、と菩薩は舎利弗におっしゃるのである。

それはそうかもしれぬ。だが、ここらあたりに悟った人の冷たさが感じられる。これは、まったく私の少、青年時からの感想だけれど、兄弟子や、師匠の、小悟なり大悟なりを経て、この色即是空を身につけたらしい人に出あうと、ちょっと足もとから逃げていきたい気がしたものだ。この気分は今日もある。

松濤（まつなみ）弘道氏の『心経用語辞典』によれば、

「ヘーゲルの弁証法風にいうならば『色不異空』がテーゼで、『空不異色』が反テーゼであり、両方をアウフヘーベンしたものが『色即是空、空即是色』にあたる」

とある。そのアウフヘーベン、つまり、止揚と解して、五蘊皆空が、ここで、急に実践的になるのだが、ここらあたりから理に入らされてしまう。氏によると、中国の賢首（げんじゅ）大師は、『心経略疏』で、

「色即是空とみて大智を成じて生死に住せず、空即是色とみて大悲を成じて涅槃に住せず」

と説明されているそうだ。有と見る世界にも、無と見る世界にも、とらわれるな、という意味だろう。どっちにも眼をくばってはなさないのが「照見」だろうか。

正眼国師の説く「色即是空」

さて、ここで、正眼国師はどういわれているだろうか。国師は、こういわれる。

「万事を空な物じゃと合点して居れば、多くの人が後には人の常の道を失ひ、父母も空なること、兄弟も空なること、上人と云ふも空なること、下人と云ふも空なること、うやまひもなく、憐もなきやうになる、それはえて勝手の空なり。其の故に再び空不異色と示し給ふなり。一切空なるが故に、一微塵として、さへることがなく、空として色にあらぬことは、一つもなきなり。天は天なり、地は地なり、父母兄弟、上も下もありのまゝなり。故に是れをつまびらかにしらせんとて、色即是空、空即是色と示し玉ふなり。（中略）山は山の如く、川は川の如く、人は人の如く、十界の境界、ありの儘で一つもきらふこともなく、にくむこともなく、あいすることもなく、鏡に影の移るが如く、善は善の如く、悪しきことは悪しとしり、一つも覚えちがへもなく、さはりなき時は、十方世界、一時に見開いて、色の上有りの儘なり」

ここで思い出すことがある。一休和尚のことである。『骸骨』という作品がある。私のもっているのは挿画入りの本で、骸骨が踊ったり、さかもりしたり、寝ころんだりしている。この世の無常を説いた本である。ひとりの出家が出離心を抱くのに、山の堂に泊まって、骸骨のむれに出あい、そこで、無為に入るという設定だが、骸骨は庭にきて、宴をやっている。生きている人間よりも骸骨の方がはなやかな風景にえがかれている。この物語の作者は、毎正月がくると、京の町々を竿にくくった骸骨をぶら下げ、「御用心、御用心」と歩いている。いま、そこに若くて美しい生きの身と思っても、いまにこのようになるぞ、と年のはじめに無常を説いたわけだ。皮一枚はげば美人も骸(むくろ)だという。そして、己れの名一休は、有漏路(うろじ)、無漏路(むろじ)のさかい目のひと休みの意だと、師匠華叟からこの名をもらったそうだ。有漏路とは現世、迷いの世界である。無漏路とは彼岸、悟りの世界と考えてよく、その中間でひと休みとはおもしろい場所である。このことが、いま賢首大師法語の「大智を成じて生死に住せず、大悲を成じて涅槃に住せず」の、両界に足をふまえたけしきにかさなる。

不滅なものは空相である

「諸法空相、不生不滅、不垢不浄、不増不減」。すべての存在に実体がなければ、生まれるとか死に亡ぶということはないはずで、浄らかとか不浄とかいうこともないのである。また数が増すとか減るとかいうこともあるはずがない。

もともと空なのだから、当然のはなしだといってしまえば、それまでだが、しかし、私たちの眼に見えるものはどうだろう。いま、私の手許にある般若心経の解釈本にしたって、長いのもあり、短かいのもあるし、古本屋で買ったものはうす汚れてひどく不潔だし、新刊本は清潔である。とりわけ、正眼国師のは、国会図書館で求めたコピー版である。同じ解釈書でも数奇な人生経験者のもある。意見はそんなにかわらないけれども、おもしろくおかしく説く人もあるし、哲学的にむずかしいことばをつかう人もいる。いずれにしても、心経の真意に迫るのにいろいろな方便をつくしておられるのである。一休もしかりである。白隠もしかりである。だがこういう書籍にしたって、そこにそれがあるというのは実体でなく、じつは空なのだといわれても、私には解せないのである。諸法が空相なりとは、すべてが空相なはずである。しかし、私には、それがよくわからぬ。人それぞれ法を説いている。山田無文師は「生活の中から」心経を説かれ、岡本素光師は「維摩経の中から」般若心経に迫られる。そこには分別がある。しかし、これも空相か。

「不生不滅」もよくわからない。生じたからそこに物が見えるはずである。月や太陽のようにむかしからあるものへの疑いはともかく、いま私の机上にある菊の花は、昨日水を切らしたために少し元気がない。これはこのホテルの女性が、私にはこんでくれたものである。はこんできたときに私はいた。いま花器のなかで、元気がないけれど、黄と赤の花びらを光らせて生きている。これが眼前の菊の見える経過である。もっと空想をひろげれば、どこかの畑でいきていたのが業者にきられて、東京へはこばれてきたのだろう。これがここに生じた花の経歴なら

「不生」とは不思議である。さらに「不滅」とはどういうことか。どだいこの世に常なるもの、存在しつづけるものはないといわれたつぎに「不滅」は困る。物みな亡び、消滅すると教えておいて「不生」と「不滅」がここで鉢あわせする。ことばにつきすぎるとこんなふうな迷路へ入りこみそうだが、しかし、菊の花を、もともと空なるものとするなら、不生不滅のはずではないか。それが女の子によってここへはこばれ、水が少なくて枯れしぼみかけていたと見たのも私の仮相である。私が、そういう菊の経過を信じ、その枯渇を哀れんでいるのだ。もともとなかったものなら、水枯れも、花しぼみもあったもんではない。諸法は空相なのだ。不滅なものは、空相であるということだ。

すべては仮相である

さらに「不垢不浄」とはどうだろう。菊だって、新鮮なときは清らかさが濃かったが、ふるくなると、水につかった茎もくさりかけて、ぷーんと臭う。花もどこやら艶がない。蕾（つぼみ）も、ぴんとはっていたのが、お辞儀している。これは汚ない姿といってよいか。だが、菩薩は、この花をも、不垢不浄だといわれるのである。もともと実体がないのだからとおっしゃる。実体のない空気みたいなものに（空気すらもないのだ）、垢もたまるはずがないだろう。それは理屈としてはわかるけれど、どこにそれでは、垢のたまらないものがあり得ようか。身のはてのくさらないものがあろうか。私だって風呂に二、三日入らぬと垢くさいし、菊だって水をかえねばそのとおりだ。だが、こう思うのも、私に仏眼がひらいていないからか。菊という花を見て、菊の仮相を信じているのか、という気もしてくる。菊も、風呂へ入らぬ私も、この世の仮相の一部である、と認識し、眼にうつる万物、もともと実体がないと悟れば、垢も臭うまい、くさりもすまい、ということへ悟りはゆくらしいけれど、じつは、心の隅で、菊は新しいときははなやいでいるものだ。古くなると枯れて汚なく、空しくなるものだ。私ももう七十二歳になって、ぼちぼち棺桶に片足を入れかけて、何をするのもめんどうくさい日があって、物事が億劫（おっくう）となり、風呂も億劫になっているのである、といったような感懐が私にわく。わずかだけれど、無常観といったようなもの、諸法空相であって、しかもそういう哀れを感じるのである。だが、この哀れも、じつは、よけいなことなのだと菩薩はいわれる。それは、私の色心に起きたことで、じつは、実体のない世界を見ているのである。空の実体がみえれば哀れなどうかぶはずがない。とすると、花のいのちのみじかいことに哀れをおぼえた『枕草子』の作者も林芙美子も、凡庸の色眼に仮相をとりこんで哀れと見たのだろうか。

「不増不減」はよんで字の如しである。どこにも、増えたり、減ったりするものがない、というのだが、私には、この世のものは無常であるがゆえに、増えたり減ったりしているふうにも見える。菊鉢の水もしかりである。私の手の垢もしかりである。いま、窓から見える雲のゆききを見てもしかりである。増減がなくてはならぬ。その増減のうごきが私に物を感じとらせ、しかも、それはうごいているのである。たゆたい、うごかないものはこの世にない。これはよくわかる。しかし、実体がなければ、物に増減があろうはずはないといわれると困る。私に見えるもののすべては、増減のうごきにみちあふれているからだ。

これが仮相なら、私もその仮相のなかで、物とかかわりながら生きている。生きていることが、物がまわりにあるから実体として、いま私にわかる。万年筆もインクも、いま私のためにある。私の書きもののために、いつもスタンバイしている。そうして、それらは、私にとって、埃(ほこり)をかぶって見えたり、埃をふきとったときはきれいな瓶や万年筆に見えたり、インクも使えば少なく見えたりしているのである。これが迷妄の眼なら、迷いそのものが実体のように思える。菩薩は、ここで私たちにむずかしいことを押しつけておられる気がしないか。

この世は不浄の巣である

この世が空なら、「不生不滅」の字もたつ余地がない。空だという字がたつくらいだから「有」があるはずである。松濤氏は、山岡鉄舟の歌「晴れてよし曇りてもよし不二の山、もとの姿は変らざりけり」を引用されて、不二にかけた富士山のうつくしさはどこから見ても変わらないように……といっておられる。だが、ちょっと待てよと思う。この世に実体のものが何もなければ、不二も不三もあるまい。一つの山もあるまい。晴れた日もあるまい。曇った日もあるまい。鉄舟は、実体のないものを山と見、晴れた日と見、曇った日と見たのだろう。そう解してよいか。じつは、不生不滅なものとは何かにこだわったのである。変わらないものの姿とは、山ではないだろう。山がないということである。だから、不生不滅なのである。白隠は、駿河に住んでいたから、宝永の大地震にあった。当日は原村の松蔭寺まで石がとんできたので、鉢をかぶって坐禅していたとつたえられるが、不二の山が大きくさわいだのである。庶民は家財道具をもちだすやら、病人老人を背負うて逃げるやらで大騒動だったと郷土史に見えている。この爆発で宝永山が出来て不二は二つになった。鉄舟さんにはわるいが、白隠さんの見たのはこのけしきである。麓の村民は、落ちくる石や灼熱の溶岩の流れに、血だらけになって泣きわめいている。地獄図が見えていたのである。何もなかったはずはあるまい。不二の山が二つになって、山の民は泣きわめいていたはずだ。それも、心経に説かれると、仮相世界のさわぎなのだろうか。

「不垢不浄」、諸法は空なら不浄も不垢もあり得ない、という理屈はわかるが、じつはこの世は不浄なものの巣なのである。松濤氏は、ちょうど澄みきった鏡のように無色透明で、ほっとけばくもり、磨けば光るが、鏡そのものの性質は変わらない、とたとえられて解説されるけれど、じつは、私はさかしらをいうようだが、無色透明というものを知らないのだ。そんな鏡があったら見てみたい。磨けば光り、ほっとけばくもることは、よくわかる。しかし、世の中のものは、何でもみんなほっておかれているので、くもっているのである。透明なものはほとんどない。つまり、それだから、私のような凡庸人に空相を説くために、そういう鏡をだされたかもしれないが、私には、空なる諸法という理屈はわかるけれど、そのもとの姿を富士山にしたり、鏡にしたりされるのが気にかかる。鏡だと思い、山だと思いもするのがそもそも仮相にとらわれていると先ほど教わったからだ。（もちろん、チリも雲だ。）じつはそんなものは、何もありゃしない。鉄舟も、白隠も、仮相の山の美しさを見、噴火さわぎを見たが、厄介なことに、その仮相の山をうたって「歌」が生まれ、噴火を論じて「語録」が生まれたのである。後世の私たちは、その歌や、語録に、「真理」さえも見た。これが、つまり迷妄の特権だといえるだろう。諸法は空相なりの段で、私がしつこくひっかかっているのは、このところなのである。

淫心は「空」か？

正眼国師はどういわれるかというと、次のようにいわれる。

「色も空なり、空も色なり、空も色も、汝が分別すれば、意と言とのあやつりで、二つあるやうに思ひ、或は二つはない一つじゃと思ふ、それはどちらでも空有の分別なり。そのどちらの分別も、共にやらんとて色不異空、空不異色のと云ふたるものなり。一切手を払て、おさへ抱かなければ、一切諸法は、ありの儘で皆空の相としるべし」

こうなると、不二の山も、宝永山も、大地震も、石がとんできたがすり鉢をかぶって坐禅をくんでいた白隠も、あるがままで、空だったことになる。不二山がそこにあるということ、そのけしきが、そのまま空なのである。インク壺も、菊の花も、このホテルの窓から見える東京のビジネス街も、工事中のビルも、隣りのビルの屋上にきてあそんでいる鳩のむれも、それぞれそこに在って、在るままで空なのである。無なのである。こう考えさせられると、「般若心経」の哲学は、はなはだ深遠に思える。と同時に、厄介なことに矛盾の自己同一を要求している気がする。

相が空じゃという手はない、相はすなわち空相じゃと知るがよい、と国師はいわれる。これ一つで、眼に見る色でも、耳にきくものでも、舌にあじわえるものでも、山河大地すべて、仏も衆生も皆是れ空相と知ればことのほか働きやすいものじゃ、といわれる。だが国師よ、それはことばの上ではわかっても、私には、何やかや見えるもの、きくものがたえまなくあるのだ。それで、愛情もわき、腹もたち、淫心も起きてくる。それが日常だ。淫心といってしまったが、私には六十すぎてもまだ女性に対する欲望があって、妻がいるにかかわらず、町で出あう美人に心がときめいたりするのである。

ここでついでながら、白状しておく。私という人間は、人いちばい淋しがりやで、男のくせに女のようなところがある。そして、女性には、友人たちとくらべて関心がふかくて困る。これは私が幼少時に禅寺へゆき、女性のいない所で精神形成期をおくったためかと思う。私の入った瑞春院には和尚と奥さましかいなかった。眼にうつる女性は奥さまだけだが、これは、私のもちものではない。和尚のもちものである。小僧の私は第二の母としてこの人を尊敬し、何やかや行儀をならわねばならなかった。そんな人だから、いわゆる女性として私のまわりにいるというよりは、監視者として奥さまはいた気がする。それで、私は、垣根の外を通る人にこがれていたようなもので、外へ出ると、すれちがう女の人の匂いにまばゆいような、気の遠くなるような思いが走って、狂ったように、女の人のそばへよったものだ。

私は十三歳でこの寺を脱走したが、じつは世の中へ出てみて、この世には、何と女性がたくさんいて、それらの女性は、みな、性格も容貌もちがうけれど、それぞれの花を咲かせて匂っているということがわかった。まるで、これは、闇の世界から出てきて、女性の目つぶしにあったようなものだった。それで、私は、友人たちとはちがう女性憧憬の心根をやしなうにいたったかと思う。

女性は弥勒菩薩である

いまも、この憧れはもっていて、たとえば、人が何といおうと、それが醜女であろうと、意地のわるい女性であろうと、にっこりほほえんで、私に手をさしのべてくると、私は、いかに、その女性が醜女でも、意地がわるくても、ぼうーッとしてしまって、弥勒菩薩を拝むような気分になるのである。そういう、厄介な淋しがりやだ。

醜女といったって、それは、容貌だけのことである。顔かたちは、おかめでも、よく深入りしてみると、気立てがよくて、誠実な人もいる。これは、小説にも書いたので、ここで書くのは気がひけるけれど、二重売りをかくごで書けば、二十歳のときに、二度めの禅寺を脱走して、私は、非行三昧のくらしをつづけ、アルバイトして金が入ると、五番町という遊廓にゆき、そこで娼妓さんたちと夜をすごした。私に馴染みもできた。その人のことをT女としておく。T女は醜女だった。ウチワみたいなひらべったい顔をしていて、臼のような大腰をしていた。そんなだから、売れゆきがわるかった。いつもお茶をひいていた。私は、どういうわけか、彼女に気に入られた。私にそうそう小遣銭があったわけではない。牛乳配達や、むぎわら膏薬(こうやく)売りをしていたので、その収入はしれたものだった。月末に一度彼女を訪れて遊興してしまうと、月半ばまではカラケツである。ところが、私の友人たちは、金もちの子が多かった。彼らはよく登楼した。ある日、T女のところに行った。T女は当然、友人に私のことをきいた。

「あいつは、淋病で寝てよる。なおるまでこれんぞ」

と友人はいった。T女は、急に顔を伏せて、だまったそうだ。そうだというのは、私が見たわけではない。あとでわかったことだった。ところがこの翌朝早く、まだ私が下宿で寝ていると、階段をあがってくる音がした。寝ぼけ眼で見ると、枕もとに立ったのはT女だった。私はもちろん、きょとんと見ていた。

「すみません……あたしがうつしたのよね。これ買ってきたから、煎じて呑んで下さい。そして早くなおってね……また、あそびにきて。うつした私のことは、ゆるしてね、おねがい……」

彼女はいまにも泣きだしそうな顔をしてそういうと、紙袋に入れたものをさしだし、何が何だかわからなくてぽかんと見すえている私にかまわず、くるりと背をむけて、

「だまって出てきたから、あたし帰る。主人に叱られるといけないからね」

と階段を走りおりていくのだった。私はびっくりした。はね起きて窓をあけ、通りを見た。T女は、日傘をくるくるまわしながら、露地を出て川岸の方へ去っていく。やがて小さくなって見えなくなった。枕もとに置かれていたのは新聞紙を貼ってつくった袋で、中に漢方薬の「うわうるし」が入っていた。紙切れがあって、「りんびょう、しょうかちによろし」と印刷した効能書だった。いまの読者はご存じないかもしれぬが、むかしは、遊廓で遊興する青年がよくかかった病気で、花柳病といったが、淋病は、もちろん娼妓を媒介にしたのであった。私は、しかし、T女が、そんなものをなぜ、置いて逃げるように出ていったのか、理由がつかめなかった。寝とぼけてもいたので、またふとんをかぶって寝入ってしま

った。

何日かたった。私は友人と出あった。友人はT女のところへ行ったといった。そこで私が彼女がとつぜん下宿にきたというと、ああ、それは、こういうわけだ、と友人は、私ががかかってもいない淋病云々を、酔っぱらった冗談にいってしまったといった。私は唖然となった。

「どうして、そんなことをいったんか」

「あいつ、わしらがお前さんをつれてこんので、機嫌のわるい顔をしよったで、つい、口に出てしもうたんや」

と友人はわらった。男性というもののいいかげんさと、女性というものの誠実さがここでのぞけよう。私は、ほとんど口がきけないままに友人をにらみつけ、さる日の朝、楼主にないしょで、早起きし、薬屋をたたきおこして漢方薬を買い、その足で私の下宿まできたろうT女のことを思いだして、息を呑んだのである。

T女にすまないことをしたと思った。とたんに、ウチワのような、けっして十人なみといえない、売れない三十すぎの娼妓が、私にまばゆい弥勒菩薩のようにうかんで、私は絶句したのである。私はのちに、文学の世界へ走り、大正文学を乱読したが、永井荷風の随筆で「金殿玉楼にはくもの巣がはり、襤褸（らんる）の中にこそ絹のぬい糸がある」とあったのに落涙した。二十歳のときの、遠い体験が、つまり、T女という娼妓の私につくしてくれた無償の行為が、かさなったことはもちろんである。私はこのT女のたった一日の行為によって、女性観を変えている。私が先に、どんな醜女でも、その女性に弥勒菩薩のような背光を感じることがあると書いたのはこのせいだ。

高遠な心経哲学

ながながと、よこ道へそれたがゆるしていただきたい。私は、私のなかにある、幼少時からの淋しがり屋の性格をふっきれない。そうして、女性といえば、よりそいたい欲求の走る、私という人間の人いちばい多い淫心について、始末のつかない怯（おび）えをもてあましている。だがこういうことも、心経によれば、まことおろかなことなのだろう。

「空愛、空瞋、空婬と知れば、おさへることも悔やむこともなく、況んやそれを又とりそだてもせず、起った三毒が、汝が大光明なり。爰（ここ）で又一足ちがひても、大事の場なり」

と正眼国師はいわれる。よくよく心得てみよ。一切のことは生じたことではなく、滅したことでもない。よごれたというべきようもなく、きれいなというべきようもない。増しも、減りもしていない。汝が一念の計度で、みな生滅があるように、浄穢（じょうえ）増減もあるように思うだけのことだ。

「善き分別を自慢もせず、悦びもせず、其の儘不生なり不滅なり、往くも生滅を離れ、還るも生滅を離れ、食をくひ、茶をのむこと、大小便の上までも生滅を離れ、鳥の虚空をかけり、雲の風に任せて、さはりなく往来するが如くにして自由自在なり」

こう説かれてくると、淫心ふかき凡夫の私が、いま七十二歳になって、二十歳のときにまじわった遊女を思いだし、その遊女によって、人間はいかに貧困であり、ボロをまとっていても、美しい心のもち主であれば、人にダイヤモンドのようなありがたい教えをのこしうるものだということを、いまここで考えたりするのだが、これとて正眼国師に叱られるのである。T女は醜女だったと見た私も、いや、醜女ではあるが、心のきれいな、誠実な女性だったと見た私も、私の分別だろう。もともと、この世に醜も美も、浄も不浄もありはしない。本来が空相なのである。それを、何かと色眼、色心で、よけいなことを実体と見まちがえて、私たちは愛憎分別の世界を生きる。いかに、「心経」の哲学が高遠にして、手のとどかぬところにあることがおわかりになったことと思うがいかが。

第五章　一休における「色即是空」の世界

変わらぬものは「空」

「色即是空」を徹底的に説いたのは、一休宗純であった。『摩訶般若波羅蜜多心経解』と題する解釈本があって、いかに「心経」に傾倒していたかがわかる。『水鏡』『骸骨』は経の意を、自己流の仮名書きにして、庶民によくわかるように説いたもので、さらに数多い「道歌」も発表した。道歌も色即是空が主題といえる。

一休「般若心経」を私流に訳してみると、「色」とは、地水火風が仮に和合している四大色身である。かたちのあるものをすべて色という。かたちがあれば、眼にそのいろいろが見えるゆえに色というのである。四大色身といっても、元来空なるかたちなき所に生ずるものだから、色身は空に異ならない、と釈尊も説かれている、というふうに一休は説く。

だが、凡夫は、迷うものだ。この真空の実相にそむいて、空妄の色身を誠にあるものと思いきめる。生きることを好んで、死をおそれる。そのためにいろいろの苦をうけて、生死の輪廻（りんね）から脱けきれずにいるのだ。仏はこれを哀れみたもうた。色身も元来不生不滅の真空のあらわれだから、色も空に異ならずと説かれたではないか。即とは「やがて」という意味だ。色の当体がそのままやがて空なのである。空の当体がそのまま色なのである。空をはなれて色はない。色をはなれて空もない。水と波のようなものだ。波すなわち水。水すなわち波。さらに二つあるはずもない。五蘊（ごうん）のうちの色蘊の一つをあげてこのように空に異ならずと説かれているのだから、のこりの受、想、行、識の四蘊も、みな色蘊と同じく空と異なるわけがない。畢竟皆空だ。これが一休の解釈である。

さらに、和尚は、次のような道歌を選述する。

古（いにしへ）も今もかはらぬ月かげをくもの上にてながめてしがな　　後嵯峨院

聞く人もはるかに是を仰げとて空にぞ法（のり）をとく声はせじ　　法性寺入道

色も香もむなしき物とをしへずば有を有とや思ひ果てまし　　鷹司院

いろもかも空しと説ける法なれど祈るしるしは有と社（こそ）きけ　　摂政左大臣

色にのみ染し心の悔しきを空しと説けるのりのうれしさ　小侍従
春の花秋の紅葉のちるをみよ色は空しき物にぞありける　俊成
雲晴れてみどりに晴るゝ空みれば色こそやがて空しかりけれ　頓阿法師
天の原思ひかしらぬ雲の上もまことの道のやどりなりぬる　慈鎮
春秋の花ももみぢもおしなべて空しき色ぞ誠なりける　大僧正道玄
隈（くま）もなき月をうつしてすむ水の色も空にぞかはらざりける　瞻西上人
露わくる花すり衣かへりては空しとみゆる色はありけり　信主法師

こう説かれると、凡夫の私にもいくらかわかってくる。一休は、『骸骨』『二人比丘尼（びくに）』『仮名法語』で、また、べつの方角から色即是空を説いた。いずれも道歌をまじえて、庶民の心にしみるように説いた。気づくことは、歌をよんだ人々が、共通して、雲、花、月を無常の色身にとらえ、何もない空（そら）を空身として見ていることである。雪、水を入れてもよい。雲花月は、うつろい、欠け、ただよいしている。変わらぬものは、空である。私たちにもこの論法はよくわかる。

しゃれこうべの説法

「うすずみに書く玉章(たまづさ)のうちにこそ、万法ともに見ゆるなるべし。それ初心の時、坐禅を専らになすべし。もろ〳〵国土に生れくるもの、一度(ひとたび)むなしくならずと云ふことなし。それ我が身もいまだなり。天地国土本来の面目もいまだなり。みなこれ虚空より来るなり。かたちなき故にすなはち、これを仏とはいふなり。仏心とも、心仏とも、法心とも、仏祖とも、神とも、もろ〳〵の名はみな是れこなたより名(なづ)くるなり。かやうのことを知らずんば、たちまち地獄には入るなり。またよき人のしめしによりて、二度かへらざるは、冥土ぎやくしやうのわかれ、したしきもうときも流転三界は、いよ〳〵ものうく心さして、故郷を足にまかせてうかれいで、いづくをさすともなく行く程に、知らぬ野原にいりかゝり、袖もしぼるゝふじころも、日も夕暮になりぬれば、暫(しば)しかりねの草枕、結ぶたよりもなきまゝに、あなたこなたを見まはせば、みちよりはるかにひき入りて、山もと近く三昧原とおぼしくて、墓ども其の数あまたある中に、ことのほかにあはれなる骸骨、堂のうしろより、立ち出でて曰く。

世の中に秋風たちぬ花すゝき
まねかばゆかん野べも山べも

いかにせん身をすみぞめの袖ならん
空しくすごす人の心を

一切のもの一度むなしくならずといふ事あるべからず。むなしくなるを本分のところへかへるとはいふなり」

有名な『骸骨』の冒頭である。ひとりの僧が、秋の一夜を野べの三昧堂に泊まっていると、しゃれこうべが出てくる夢を見るのである。

「暁がたになりて、すこしまどろみたる夢のうちに、堂のうしろへ立出づれば、骸骨多く群れみちて、その挙動（ふるまひ）をの〳〵おなじからず。たゞ世にある人の如し。あなふしぎの事やと思ひ見る程に、或る骸骨近く歩みよりて曰く。

思ひ出のあるにもあらずすぎゆけば夢とこそなれあぢきなの身や

仏法を神やほとけとわかちなばまことのみちにいかゞいるべき
しばしげにいきの一すぢかよふほど野べのかばねもよそに見へける」

このような調子で、僧は、骸骨たちと話をするのである。

「耳にみてるものは松風のおと、まなこにさへぎるものは、けい月のまくらにのこる。そも〳〵いづれの時か夢のうちにあらざる、いづれの人か骸骨にあらざるべし。それを五色の皮につゝみてもてあつかふほどこそ男女の色もあれ。いきたえ身の皮破れぬればその色もなし、上下のすがたもわかず。たゞ今かしづきもてあそぶ皮の下に、この骸骨をつゝみて、もちたりとおもひて、此の念をよく〳〵こうしんすべし。貴きも賤しきも、老いたるも若きも、更にかはりなし。たゞ一大事因縁を悟るときは、不生不滅の理を知るなり。

なに事にあらおそろしの人のけしきや。

なきあとのかたみに石がなるならば五りんのだいに茶うすきれかし

くもりなきひとつの月をもちながらうきよのやみにまよひぬるかな」

「驚く人のはかなさよと思ひて、我が身のあるべきを問はれければ、或る人申されけるは、このごろはむかしにかはりて寺をいで、いにしへは道心をおこす人は寺に入りしが、今はみな寺をいづるなり。見ればばうずにちしきもなく、坐禅をものうく思ひ、工夫をなさずして、道具をたしなみ、座敷をかざり、我慢多くして、たゞころもをきたるを名聞にして、ころもはきたるとも、たゞとりかへたる在家なるべし。けさころもはきたりとも、ころもは縄となりて身をしばり、けさはくろがねのしもくとなりて、身をうちさいなむと見えたり。つら〳〵生死りんゑのいはれをたづぬるに、ものゝいのちを殺しては地獄に入り、ものをおしみては餓鬼となり、ものをしらずしては畜生となり、はらをたてゝは修羅道におつ。五戒をたもちては人に生れ、十善をしやうして天人にむまる。此のうへに四聖あり、これを加へて十界といふ。この一念を見るに、かたちもなし、ちうけんも住所もなく、きらいすつべき所もなし。大ぞらの雲の如し、水の上の泡に似たり」

一切空を説く一休は、秋の一夜にしゃれこうべに説法される僧を登場させ、しもくの衣を着る僧の生活の根本を問いなおしているように思える。むかしは、無常を感ずれば、寺に入って僧となったが、いまは、逆に寺を出る僧が多い。いまの僧は、本当の修行工夫をわすれて、道具に眼をとられ、衣を着た在家人というにひとしい。けさ、ころもを着ていても、けさはくろがねのしもくだし、ころもは身をしばる縄にひとしい、といいきる。

第六章　死して百日紅(さるすべり)や椿の花となる

さんまい谷の骸骨

　さて、ここで、私にもどらねばならない。一休和尚の『骸骨』にいざなわれて、私が体験した些事をまた披露せねばならなくなった。

　私は、九歳で仏門に入ったが、生まれたのは寺ではなく、農家だった。説明しておくと、福井県大飯郡本郷村岡田という六十三軒しかない貧寒集落といってもよい村で、棺桶や塔婆をつくって売る父母の家に生まれた。父は、私が生まれたときは、「さんまい谷」（一休は三昧としるしている）の近くの家で、村ではそこを「けこあん」とよんでいたが、家の背戸口の障子をあけると、間近に墓地がみえ、卒塔婆（そとば）や竹の飾りが風にゆれていた。死人はいまも土葬であって、穴を掘ってうめるのだが、父は、家が近かったせいもあって、また棺をつくる職人なので、「穴掘りさん」とよばれて、村で死んだ人を誰彼なくうめる仕事をやった。いまは、この土葬は、輪番制になって、六十三軒の家がもちまわりで、順番にうけもつことになっているが、むかしは父のような人がいて、半職業的に重宝がられて、村小使のような役目で働いたのだった。

その父が、棺をつくりながら、ひとりごとのようにいったのは、人は死ねば、みな二尺五寸の棺に入ってしまい、土になるということである。あたりまえのことだけれど、このことは、じつは、次のことばがつけ足されて、私の心に喰い入った。

「一生を富裕にすごす人も、貧乏ですごす人も死ねば棺は二尺五寸である。刑務所で悪い贖罪（しょくざい）の生を終えた人も、大臣になって国のために働いた人もみな棺は同じである。しかも、寸法はきまっているから、財産をもって土界に入るわけにゆかない。せいぜい六文銭を手にして、数珠（じゅず）を手首にはめてもらうぐらいだろう」

死人は棺に入ると、すぐにさんまい谷へはこばれて穴の中に落とされる。この場合、父が穴掘りゆえ、誰の場合でも、スコップをつかって掘ったのだが、不思議なことに、さんまい谷の土は、一メートルくらい掘りすすむと固い木の根につきあたって、掘りにくくなった。父はいった。

「見てみい。地面の中は、木の根がいっぱいや。根ェが新しい死人がうまると、そっちへゆきたくて這いまわっとる。もち焼き網みたいにこまかな縞をつくって、死人から死人へ、根の先をのばして網になっとる。これは、ぐるりに生えとる椿と百日紅や。樹の花は、死人の肉が根から栄養になって、咲いとる」

　さんまい谷は、小高い丘陵であるが、そのまわりは、なるほど椿の林で、一本だけ、大きな百日紅があった。椿は真冬から春にかけて、真紅の五弁の花が咲きさかったし、百日紅は夏いっぱいを咲いて秋ぐちに散った。

「あの花は、うちのお婆かもしれん。こっちの花は爺さまかもしれん。みんな花になって……咲いてござる」

　そういった父は、ある日、穴を掘っていて、たくさんのしゃれこうべが出てきたものだから、それをさし出して私たちに見せてくれた。

「見てみい、これは、男か女かわからん。誰であったかわからんしゃれこうべやが、椿の根ェの下があげ底になっておって、肉が土になって、椿に吸われると、あとは、首だけになって、もち焼き網のようになった根の下にたまっとるのんや。

しゃれこうべになってしまえば、生きとったころの名前もわからんし、財産もない。ただのしゃれこうべや」

　そういってから、

「つとむよ。おぼえとけ。死んだら、みんなこれやど。肉ははやばやと花に化けよる。あとの骨も、また土になって花になりよる」

骸骨の化身

　一切空に帰するといった一休和尚に、一切の村人は百日紅か椿の花になりますといえば、叱られるだろうか。だが、私は、少年時代から、この父との一日をすごしたがために、人は死んで花になると思いきめ、今日もまだそんな思いを捨てきれない凡夫である。

　つけ足せば、「般若心経」の主意によればその花もまた色身ゆえに、やがては散って土に帰る。花もまた養根の土と果てて椿の主幹となるわけだが、その幹だって、年々の花を咲かせる樹の本幹ゆえに、枝にのび、花芯にのびする樹液をそだてるとみてよいだろう。人はその樹幹となって花に化けるといった父のことばが忘れがたく捨てがたい。

「たとへば人の父母は火うちの如し、かねは父、石は母、火は子なり。これをほくそにたてゝ、薪あぶらの縁つくるときはきゆるなり。父母あひあそぶとき火のいづるが如し。父母もはじめなきが故に、遂には火のきゆる心にうするなり。空しく虚空より一切のものをはごくみ、一切の色をいだす。一切の色をはなてば、本分の田地とはいふなり。一切草木国土の色は、みな虚空よりいづるゆへに、かりのたとへにほんぶんの田地とはいふなり。

さくら木をくだきて見れば花もなし花をば春のそらぞもちくる

はしなくて雲のうへまであがるともくどんの経をたのみばしすな」(一休『骸骨』)

くどんとは瞿曇のことで、釈尊のことだという。釈尊は五十余年、説法をされた。この教えのままを修行しようとするなら、はじめからおわりにいたるまで一字も説かれず、これをみるがよい、とただ一本の花をさし出されたのを、迦葉(かしょう)尊者だけが、かすかに笑ってその意をうけとられたあの世界だと、一休和尚は説くのであるが、私には、この拈華微笑(ねんげみしょう)の一枚の花びらも、誰の骸骨の化身かとふと気にかかるのだがどうか。一休はいう。

「この花は、身をもてなして知るべきにあらず。心にもあらず、口にいひても知るべからず。此の身心をよく心えべし。もの知りたる人とはいはるとも、仏法者とはいふべからず。この花は、三世の諸仏の世に出で、一乗の法とはこの花のことなり。天竺の二十八祖、唐土の六祖よりこのかた、本分の田地よりほかによのものはなし。一切のものはじめなきゆえに、大といふ。虚空より一切の八識をいだすなり。たゞ春の花の、夏秋冬草木の色も虚空よりなすなり。

（中略）

　なに事もみないつはりの世なりけり死ぬるといふもまことならねば

みな〳〵まよひのまなこよりは、身は死ねどもたましゐはしなぬは大なるあやまりなり。悟る人のことばには、身もたねもひとつにしぬるといふなり。仏といふも虚空の事なり。天地国土一切の本分の田地にかへるべし。大安楽の人に御一切経八万法をうちすてゝ、此の一まきにて御心得候べし。大安楽の人に御成候べし。

かきおくも夢のうちなるしるしかなさめてはさらにとふ人もなし」

康正三年四月八日に、一休はこう書きしるして『骸骨』の筆を置くのである。

そこで、また、私ごとに帰る。

一休にそむく

父がさんまい谷に住んで、葬具一式の看板をかかげ墓守りなどしていたから、私は、菩提寺の和尚と懇ろ（ねんご）になって出家する糸口ができた。九歳の私に無常を悟る心はなかったが、父が穴を掘って村の誰かわからぬ、性別もわからぬしゃれこうべをつかんでみせたときのことばをきいても、正直なところ「骸骨」はイヤに眼窩（がんか）が黒くくぼんで、鼻の穴が大きく天をむいていたので、気色わるかった。そうして、骨の肌は軽石のような斑点をいくつかみせて、父が指に力を入れると一部分がぽろぽろとこぼれたのである。それは「身もたねもひとつに死ぬる」人の姿だったにしても、虚空にもどったという認識はなくて、やがて、一メートル下の土中を、もち網のように、メロンの肌の縞のように生きている椿の根がくらいつき、ぐるりの幹をつたい、枝をつたって、真紅の花にしてしまうと信じたのである。正しく、人はみな、一本の花でしかない。百万の経をよんでも、帰ってゆく一つの道であって、「落花帰根」とはよくいったものだと思う。花もまたみな土にもどる。

　寺へ入って、冒頭にのべたように、松庵和尚について「般若心経」をならったが、これは主意をよむわけではなく、ただ、ひらがな（ルビ）で耳から入るのをおぼえただけであることは前記しておいた。じつは、この経は得度式をすませたらすぐ活用せねばならなくなった。檀家の法事や葬式があるたびに、小僧の私は維那（いのう）をやらされて、よまねばならぬ経となった。「般若心経」のほかに「大悲呪（だいひじゅ）」「消災呪」「観音経普門品」「施餓鬼」「仏頂尊勝陀羅尼」などが得度式前後におぼえた経だが、みな、前記したように、意味を問うたものではなくて、平仮名のルビをよんで、暗記するか、経本をひもといて、あるリズムをつけてよんだのである。すなわち、「まあーか」は摩訶であり、「ふーいくうくうふういしきしき」などと、リズムが先に立つがために、漢字の述語ならびに連絡を無視したよみ方だったのである。それにしても、それで、経をよめたのは不思議だった。檀家の人々は、私のうしろで合掌しながら、礼拝もしてくれたし、暑い夏ならウチワで煽（あお）いでくれたのである。意味もわからずによむ小僧のうしろで、「般若心経」を檀家の人々はどうきいたか。おそらく、色身は空なり、空身は色なり。五蘊皆空、色即是空なりの意を、仮相の生の一日にしかない盆の十六日の棚経（たなぎょう）だとて、迎えてくれたわけでもあるまい。ここらあたりに、凡庸な小僧と、凡庸な檀家人のつながりがあった気がするが、しかし一休はいったのだ。「今の世の僧は寺を出づるなり」と。私は一休和尚にそむいて、ひたすら、経をおぼえ、寺院経営者となることを夢み、室町尋常小学校を卒(お)えると、出家二年目に大徳寺よこの般若林に入学した。後の紫野中学である。ここは大徳、相国、東福の三本山の徒弟の養成学院であった。京都の臨済派では、ほかに妙心寺の経営する花園中学があったが、この二校のほかには、文部大臣認可の中学校令による学校はなかった。

賃機屋での読経

昼は学校、朝夕は作務。夜は読経の日課がつづいた。松庵和尚は前述したように、声明(しょうみょう)の相国といわれた本山で、美声で鳴らした声明師だったから、五十年に一度しか行なわれない懺法会(せんぼうえ)の香華(こうげ)の役にすべく私に声明を教えた。これは、十三歳の私にとって、長たらしい、あいかわらずの漢字のわきに平仮名でルビのふられた経文だった。それをふしをつけてよむのである。漢字のわきにいちいち、記号がついていて、これは、のちに知る尺八の音符に似ていた。尺八はロレチレトチツレなどといって、片仮名のしるしであるが、声明の経本は、音律をのばす線がひかれ、その線上に点とか丸が朱でつけられている。そのしるしで、声を高めたり、低めたり、あるいはのばしたり、短かくしたり、ふるわせたり、高くのばし放しにしたりするのである。たとえば、南無とあるだけの二字を、「なあーあーあーあーむうーうーうーうーうーッー」というふうに、一分間以上ものばし、かつ、ふるわせるのだ。相国寺史をひもとくと、懺法会の声明は、宋国の慣習をそのまま踏襲したもので、むかし、足利将軍が、懺悔のために催したとある。将軍が懺悔したのであるから、日頃、大勢の兵卒を酷使して戦さをやり、大勢の死者を出してもいるので、寝ていても怨霊になやまされ、その魂鎮めもかねて、懺悔したものであろうか。そうでないと、武将を法堂に集めての大懺法会が何日間もひらかれた理由がつかめない。

香華はこの宋国のしきたりに登場する役で、小僧でも、美貌で、美声でなければならなかったと相国寺史にしるされている。「蚊の鳴く如く唱すべし」とあるから、私を、その香華にしたてるべく、十二歳になったばかりの春から、毎日のように、松庵和尚は特訓した。つまり、「経」はこのように、行事として私のなかに入りこんできて、説かれている意味が入りこんだわけではない。般若心経と似たようなものだ。あらゆる経は、声明経も入れて、すべて、リズムだった。

　また、檀家へゆく盆の十六日の棚経も、考えてみるとおかしいのだった。和尚は、室町や三条の大問屋へゆく。つまり、格の高い富裕の家へゆくのだが、小僧の私は、同じ呉服関係でも、西陣の暗い露地の機屋（はたや）へゆく。機屋は問屋から糸の配給をもらって、賃機（ちんばた）を織る家である。朝から晩までカチンカチン布を織っている。不況の年まわりは、減産を強いられる。一台しかない家は、問屋に頭を下げて糸を借りる。借金がたまれば夜も寝ずに二倍働かねば喰えない。利子が糸に化ける。盆の十六日がきて、京都では「地獄のカマもフタがあく」というのにカチンカチン働いている。そこへ私が衣を着て、手持ちの引磬（いんけい）をもってあらわれると、細君はびっくりして、ああ、今日は盆の十六日だったと気づいて、いそいで乳母車から、赤ん坊の小便くさい座蒲団をひっぱり出して、奥へかけこみ、仏壇といっても、石炭箱に千代紙をはりつけた箱のカーテンをひらき、くりだし戒名の位（い）牌（はい）をとりだすのだ。

　私は、その箱仏壇にきて、くりだし戒名を手にする。ゴムバンドでくくられた戒名は一枚ずつうすいつけ木のような板に書かれてある。二字か三字。慈照童子、明光大姉などとかんたんに書かれてある。小僧の私にだってこれはよめる。寺の本堂の戒壇奥にある、富裕な壇家の位牌は、金箔ぬりで屋根つきだ。一戒名が一基ずつに書かれ、金箔はぴかぴか光っている。しかも何々院殿だとか、大居士だとか書かれてある。これにくらべると、いま私のまいっている賃機屋の仏壇は粗末だ。くりだしというのは、一枚上へひきあげれば、つぎのがよめるしかけになっている。貧乏な家は、仏さまが多いのである。くりだしても、くりだしても、童子や童女の多かったのは、成人せずに死んだ子である。乳母車から、赤ちゃんを抱きとって、私に蒲団をあたえた母親は、私のうしろで、神妙に合掌し、片手で私をウチワで煽いでくれているのである。そのうしろで、カッチンカッチン機がうごいているのだ。

これが、私の棚経で知った檀家である。和尚の方は、格段の差があった。富裕な檀家は毎年、ひる時にきてくれるようにと和尚をさそい、食事を饗するので、和尚は午前中に読経をすませて、正午にはそこへゆくのである。酒が出る。和尚は微醺をおびて帰ってくる。これでは、つぎの棚経はつとまらない。読者も笑われるかもしれぬが、私が事実、体験したことである。

禅門小僧訓

ここでおそろしいことをつけ加えねばならない。やはり、これも、檀家を階級によって差別した同じ禅宗の曹洞宗に活字の記録があることだ。徳川時代から、明治に入っても、差別戒名が生き、今日もまた、過去帳や墓石に、「草男草女」「革男革女」などの字がみえるのだ。本山の発行する『禅門曹洞法語集』という本の「禅門小僧訓」という徒弟教育の項目に次のような文章がある。

「子は三界に目遊して、未だ曾て跬歩を移さず、丈室に尸居して、遂に竈突を点ぜず、天賦多病にして、性質安重濁なり。是故に菽麦をも時に錯り喚び、毫光掃箒をも全く記し得ず。されども、幸ひに釈迦善逝の末流に鼷鼠となり、一分の余陰に蝙蝠たり。五綴の鉢多羅に食乏しからず、三品の糞掃衣に身寒えず、只名利の轡を制断て、無心の白牛に駕するを分とする、豈仏祖の道を放開して、有情の黒業を転ずるに堪へんや。既に槃特が再来なれば、迷悟の両頭に妄却せり、誠に是叢林の病枝、禅海の困魚なり」

禅門における小僧ははなはだ厄介者だというのである。だから、この小僧訓をよくよんで忘疾のくすりとして、平癒せよと序文に説くのである。その次に、「小僧訓」巻の上として、さらに人間差別を教えるのである。

「先年或寺にて、菩薩大戒場を開きし時に、一日其地の穢多四五輩、血脈を授りたき由願ひ来る。依て之を許して庭上に列坐せしめ、三帰五戒を授け、血脈をあとふ。時に二字の法名を下げ、禅門禅尼とかくべきやと評議するに、禅定門或は禅門等は、当世軽き庶人に通用すれば、彼と此と混同するに似たりと。傍に人あり云、卜男卜女とかく、是古の伝なりと」

この項目には「餌取」穢多之事とされている。仏教者が、庶民を、重きもの軽きものに差別し、死しても、なおその戒名に差別の刻印をのこした証しを、「小僧訓」につたえるのである。こういう事実も、伽藍(がらん)経営者（住職）の道のいかに歪んだものであるかをしらされる。書物だけではない。今日も、全国津々浦々の寺院墓地から、差別戒名を刻んだ墓石が掘りおこされているのだ。

「小平地区の墓地をたずねて、思わず、アッと声をあげた。百坪ばかりの墓地の奥に、古い小さな墓石が並んでいる。その一つをのぞきこむと、戒名に『氷山革童女』とある。その隣は『晴行革門』。その隣は『連寂一山革門』…………」（『長野県史史料編第一巻』・朝日新聞若宮記者）

「墓は一般と一緒で公園と隣りあわせに丘の上にあった。暮れ足を急ぐ西陽で、古い墓の年号を調べてみる。元禄年間のものがある。辰の口は他所にくらべて比較的古い墓が残っているようだ。上山田の力石では、共同墓地がせまくなって、現在地の力新田に移した。その時、畜男畜女という戒名がきざまれた墓石があった。それにみんな非常に憤慨し、また、このような戒名しか与えられなかった先祖に涙したという。そして、その場で、墓石を打ちくだいた」（柴田道子『被差別部落の伝承と生活』）

啞然とされる方もあろうが、私たち凡俗の者が、仏者としてつながらねばならぬ寺院住職たちの、人間差別を物語ってつきない。こうした事実を見るにつけても、色身業のふかさを思いしらされるのである。

一休和尚のいいたかったこと

いまここで、こんなことを書いていると、私の耳には、あの小暗い賃機屋の隅で、盆の十六日にも、機から手をはなすことがなかった一家の機音がきこえてくる。そうして、眼をつぶると、ゴムバンドにまるめられていたくりだし戒名の厚い重みがよみがえる。一休和尚はいったはずだ。

「このごろはむかしにかはりて寺をいで、いにしへは道心をおこす人は寺に入りしが、今はみな寺をいづるなり。見ればばうずにちしきもなく、坐禅をものうく思ひ、工夫をなさずして、道具をたしなみ……」

いまの世のことではない。室町期の僧がこのような文章をのこしたのである。この国の臨済禅の伽藍経営者には、もう五百年も前から、坐禅をものうく思い、道具をたしなみ、「ころもはきたるとも、たゞとりかへたる在家」の如き人が充満していたのだろう。一休和尚は、臨済宗では、高僧とあがめられていたし、後小松天皇のお子として、その墓も宮内庁が管理する大和田辺の一休寺にある。私たち小僧は、般若林で「般若心経」をよみ、「大悲呪」をよみして、行事僧としての習練はつむが、この先輩僧がなぜに、正月がくると、竿のさきに骸骨をくって、「御用心、御用心」と家の戸口に立ったかの理由を説明されなかった。このような立場から「般若心経」の解釈をしてくれる人もなかった。ただ、私たちは前記したように、棚経にいったり、法事にいったりして、よまねばならないお経として「般若心経」をひらがなでおぼえていたのだ。まったく、「ちしきもなく、工夫をなさざる」小僧だった。

第七章　不浄を美しいと思うときもある

赤白二滴の和合

四大色身、五蘊の諸法はみな、もともと空である。初めから生じもせず、死にもせず、穢れもせず、浄(きよ)まりもせず、増しもせず、減りもせぬ。虚空のかたちがないのに等しいのだと、舎利子に菩薩は説きたもうた。この菩薩のことばでいちばん気にかかるのは、「不生不滅、不垢不浄、不増不減」である。もちろん、理屈の筋はいちおう理解できるけれど、色身のすべてが空なら、この人身もはじめから生じもせず、滅びもしないはずだろう。ところが、私という厄介な人間が増しもせず減りもせずここにいるのである。私はたしかにいま、ここに在る。若狭のさんまい谷の近くに生まれて、穴掘りもし、死人もうめ、棺もつくり、塔婆もつくって、八十五歳までそれをなりわいとして生きた父をもつ子である。このことは、戸籍謄本(こせきとうほん)を見せてもいい。私は水上覚治の子だ。

　母は、堀口かんという。同じ村の素封家堀口文左ヱ門の次女。十六歳のころ、家がつぶれて、父親が没落したので、京都に奉公した。下駄屋の女中となり、下駄直しをおぼえて十九歳で帰村、水上覚治と結婚、父親が村で仁丹売りするのを手つだって、下駄の鼻緒売り、古下駄直しを業とした。そのかんの子であることも、戸籍謄本が立証する。はじめがないといわれても、私をうんだ父母は厳然と存在したのである。一休和尚にいわせれば、

「かねは父、石は母、火は子なり。これをほくそにたてゝ、薪あぶらの縁つくるときはきゆるなり。父母あひあそぶとき火のいづるが如し。父母もはじめなきが故に、遂には火のきゆる心にうするなり」

ということになるらしい。が、本来の心地に帰るにしても、私には、父母はいたし、この人たちは、私が死ぬまで、私の足下の球根につながっているだろう。なるほど、父と母が火のようにまぐわってくれて、私はこの世に生まれる縁となったものと思う。道元禅師もいわれた。

「身体髪膚これ父母にうく。赤白の二滴始終之空なり」

吾とは何ぞやとの問いにこたえられての文句だときくが、なるほど、父母がまぐわって、赤と白の二滴が和合して、私という人間の種子が結合したろう。私はそうして、下駄を売る母の胎内で、十月十日の発育をなしてこの世に出たのだろう。それをいま、「心経」は、この世におけるすべてのもの、存在するもののすべては実体がない、生じたということもなく、滅びたということもない、と説くのである。ここがどうもむずかしい。凡夫の私は私の考えをすすめてみる。

私は生まれてしまっているのだ。父の名も母の名もしっている。これがどうして空なのか。さらに、舎利子に説かれたことばは腑に落ちない。

「不垢不浄、不増不減」

待てよ。世の中は、垢と不浄だらけではないのか。この眼でそれはいまも見ることができる。私だって二、三日風呂へ入らぬと、垢はたまる、汗くさくなる。風呂へ入っても、三度の食事をすれば、不浄なものが、私の体内から尻を経て出てくる。放っておけば汚物は臭う。考えれば、生まれてこの方、この汚物につきあわぬ日は一日とてなかった。七十二にもなると、目やにも出てくる。鼻汁も出てくる。私は、ティッシュペーパーをわきに置かないではねむれないアレルギー体質だ。さらに、口からは、タバコをすうので、くさい息がしょっちゅう出ている。全身不浄まみれといってよい。どうして、この身が不垢不浄であるものか。私が幻をみて、つまり仮相の私をみているからそう思えるのだろうか。元来が、私という人間は、不垢な存在であり、不浄でない、うつくしいものだったのだろうか。いや、そんなことはあるまい。「ああ、ばばちい、ばばちい」と母が尻をふいてくれている声がするではないか。私の凡庸な知識でも、私は不浄な母の股間から生まれてきていた。どうして不浄がいけないのだろう。垢くさいことがいけないのだろう。

そこで、私の識見の根となる眼、鼻、耳、舌、身、意の六根が問題になってくるが、いずれにしても、不浄はいけないというよりは、たまらないという感性が私にはあった。どうして糞だらけの赤ん坊がかわいいだろう、垢くさい男を友と慕うことができよう、という思いはある。凡夫だからといってしまえば、それでいいようなものかもしれぬが、般若林でならった「不浄観」についての授業の一日がいまだに心にこびりついている。

不浄を美しく思う

釈尊の弟子の阿難尊者は一日、旃陀羅族の家で水を乞うて、戸口に出てきた美娘に心をうばわれなさった。阿難は美貌な娘を恋うるあまり、その家に入りこんで愛をうちあけ、娘もうけ入れた。阿難は釈尊の城へ帰ることをわすれた。

「大きゅうなると人間というもんは、愛欲にまどわされて、よこしまな心がおき、本来の無垢無欲の気持ちから遠ざかり、それがゆえにいっそう惑い悩むものだ」

と玄昌師はいったものだ。

釈尊はそこで、弟子の一人を使いに出して、阿難を無理矢理、王城へつれもどすようにしむける。使いの弟子は目連といったか、文珠といったか。そのどちらかだったはずだ。賢明なこの弟子にいわれると、阿難も心をあらためて旃陀羅の家を出る。旃陀羅の娘は、阿難を慕っている。だから別れはかなしい。つれ去られる阿難を追いかける。阿難の入りこんだ王城の門は閉ざされていて、娘の入門はゆるされない。

「どうか、私の夫にあわせて下さい。お願いでございます」

娘は必死に懇願する。釈尊は娘にこたえて説きたもうた。

「旃陀羅の娘よ。阿難のどこがそれほどよいのか。いま、お前は、阿難を慕うばかりに、真実が見えなくなっている。お前は阿難の鼻汁をしっているか。眼ヤニをしっているか。耳だれをしっているか。いまは、若い身を誇っているけれど、やがて、阿難だって老いてしまうだろう。皮をはいでみよ。阿難も骸骨である。そんな阿難を、お前は恋しい、いとしい、くるおしいほど好きだと迷うた眼で見ているがゆえに、不浄な男子がわからぬ。阿難は危いところを帰ってきて仏道にもどった。汝も悟るがよい。阿難も空へ帰る色身にすぎぬと」

湖海玄昌師の話し方は、おもしろく、いくらか講談調だったので、このようにおぼえているのである。あるいは教えられたとおりでないかもしれぬが、六十年もたつと、私の記憶は、ずいぶん物語化しているのだ。私流にデフォルメしているのである。まだ、十三、四歳だった私は、頭からつめこまれるこの釈尊外伝に、「不浄観の由来」と説く教師説法についてゆけなかった思いは今日もあるから、おぼえているのかもしれぬ。

私たちは凡夫であるがゆえに、不浄を美しいと思うときがある。私は嘗て、私の先の妻が入院して、お産をなしたとき、戦時下の苦しいときでもあったので、看護婦のいない病室で、妻の恥部を洗ったことをおぼえている。また、早死にした嬰児(えいじ)が黄疸(おうだん)症状の、ひからびた尻から、青いウンチをたらすのを、何べんもふきとったことをおぼえている。当時、綿花は配給で、産婦一人に一袋しかなかった。妻の出血した恥部や、赤ん坊のお尻をふいたあとの綿は捨てるにしのびなくて、洗面器でよく洗ってから部屋の壁にさしわたした針金にとおして干し、これをまた次の機会に使ったのもおぼえている。人が、いや、お釈迦さままでが不浄と名ざされたものが、私には、そう不浄とは思えなかった。凡夫の力というものか。惚れた女のどこが汚かろう。愛しい子のどこが汚いというのだろう。私は先に、私の感性として、不浄を遠ざけようとするものが本来にあることをみとめておいたが、愛着に狂えばじつはその不浄と思う感性がにぶって、私は、妻子の汚物に嫌悪を感じなかったのである。

眼、耳、鼻、舌、身、意は空か

谷崎潤一郎『少将滋幹の母』では、不浄観を説く脇主人公を登場させて、滋幹(しげもと)の厭世心理がみごとに描出されている。また、『毒』という小説では、恋人の痰を口にふくむマゾヒスティックな男性心理を描いて、その愛爛心理を切開して見せられた。たしか、もう一つの作品では、殿上人(てんじょうびと)が自分のひったウンチをぬり箱に入れて、女官にもたせる描写も細密だったが、いわゆる通念的な不浄観に対して、独特な感性の闇をえがいて、芸術作品とされた作家の心象をいま思うのである。潤一郎は凡夫だったのだろうか。人間は元来不垢不浄だなどといわれれば、そういう不浄なものでも浄化してみせる力があると思える。それを谷崎文学からならった気がする。私はむしろ、凡庸を愛する。そうして、凡庸なるがゆえに、すれちがう女を美しいと思えば、欲情も起きる。また、あばたもえくぼに見えて狂い迷う男の一人である。不浄なものも愛する妻のものなら、何でも洗ってやりたい感性が、今日も生々とある。

さて、その次は、「不増不減」だが、これにも、凡夫の私は理解できても、承服できない思いだ。なぜ、この世に増減がないのか。馬鹿をいっちゃいけない。増減ばかりの世ではないか。税金の増減も毎年度末の苦しみのタネだし、銀行利子の上がり下がりは金利生活者には重大であろう。この世に増減があってなりたつ職業ばかりである。増減がなく、人の死によってくらした私の父のような人もいるけれど、その父だって、棺桶の駄賃の高を気にしていた。葬祭の心づけや、祝儀（しゅうぎ）に酒一升もなければ気になった。当然のはなしだ。この当然のはなしを、「心経」は、真向から否定する。おそるべき、般若の知識である。菩薩のことばである。この説法で舎利子は、心から納得できたろうか。問うてみたいが、舎利子も天竺の人で、今日は冥府の人だ。きくわけにもゆかぬ。

不垢不浄もなく、不増不減もなく、すべて虚空に帰り、本来の田地に帰って空無に帰着するとすれば、この故に、空中には色もなく、受、想、行、識もない、と釈尊はいわれ、さらに舎利子に説かれる。

生滅の道理もなく、穢れもせず、浄まりもせず、増すということも減るということもないなら、色、受、想、行、識の五蘊はみな無ではないか、と。

「心経」はここへくると、いかに観念的であるかがわかってくる。凡夫の情緒に程遠いかがわかってくる。つまり、本来、空無を悟るということが、いかに難題であるかがわかってくる。

さらに菩薩は説かれるのである。眼、耳、鼻、舌、身、意も無だ、と。

眼、耳、鼻、舌、身、意は六根の意である。六つの感覚の根をいう。眼根、耳根、鼻根、舌根、身根、意根のすべてが空だ、と。

第八章　六根・六塵の本体は無である

嫌わなければ穢れない

正眼国師の『心経抄』へもどらねばならぬ。この「五蘊皆空」の段で、国師は次のようにいわれる。

「色も空なり、空も色なり、空も色も、汝(舎利子)が分別すれば、意と言とのあやつりで、二つあるやうに思ひ、或は二つはない一つじゃと思ふ、それはどちらでも空有の分別なり。そのどちらの分別も、共にやらんとて色不異空、空不異色のと云ふたるものなり。一切手を払て、おさえ抱へがなければ、一切諸法は、ありの儘で皆空の相としるべし。只一つでも云はんに、自らの色身が、今迄あれども空相なり。相が空じゃと云ふではない、相は即ち空相じゃとしるべし。是れ一つで、一切目に見る色でも、耳に聞くものでも、舌に味へるものでも、山河大地も、仏も衆生も、皆是れ空相としれば、殊の外働きやすいことなり。とは知っても、又時々我れ知らずに、日月の上で愛が起り、腹が立ち、婬心が起りたるやうがあれども、直に自性のない、空愛、空瞋、空婬と知れば、おさへることも悔むこともなく、況や、それを又とりそだてもせず、起った三毒が、汝が大光明なり。爰で又一足ちがひても、大事の場なり。能くよく心得べし。如是しってみよ、一切のことが生じたことでなく、滅したことでもなく、穢れたと云ふべきやうもなく、きれいなと云ふべきやうもなく、増しもへりもせず、畢竟一つに言へば、只汝が分別の手が離れたれば諸法が方より生じゃ滅じゃ、なんじゃかじゃとは云はぬ。汝が一念の計度で、皆生滅があるやうに、浄穢増減があるやうなり。不生不滅のとは、前の題号の下で明かしたる如く、一切見やうと思う念を生ぜねども明に見るなり。念を生ぜぬ故に見やむといへども滅せぬなり。むさい物も見るといへども、嫌はねば穢れもせぬ、きれいなるものを見るといへども、清浄にもならぬ、色々の物を一度にみると雖も、増しも広くもならぬ。芥子ほどに小き物をみると雖も、減りもせず、六根共にその如く、諸事万般の上、その儘不生不滅なることを深く信じて、兎も角も分別で分別を追ひまはらず、念で念をおさへず、只念々の上、不生なるが故に、不滅と知るべし」

国師のことばに、私が一つうけがえるところがあるのは、「むさい物も見るといへども、嫌はねば穢れもせぬ」という一語である。私は先に戦争下のあの若狭の病院で、先妻のお産を手つだい、人の汚物というむさいものを無念に洗いきよめた経験をいった。赤ん坊の黄色いウンチも何ともなかった。嫌わねばむさいものも穢れではない。これをかさねれば、逆のことがいえて、きれいなものをみて、きれいだと思えぬこともあり得よう。これが、凡夫の迷いであり、楽しみでもあって、私たちは、この迷うた行為を、悦楽し、浄土と見、極楽と見、愛と見てくらすのである。

私という病人

さて、本論へもどって、六根についてであるが、正眼国師は、はなはだユニークに、一休和尚よりも、詳細をきわめて、感性的である。

「己が手を見る如く、水の冷かなるを知りたるが如く、慥（たしか）になりたる時は、一切皆手がはなれて自在なるを、仮りに空と名を付るなり。去るに依て、此の人の目に一微塵ばかりもかからぬ故に、一切空なり。此の如く空の中には、何を指して色とし、何を指して受想行識とし、色声とし、香味触とし、眼界とし、意識界とせん。故になし〳〵と云ふなり。然るに何もかにもなし〳〵と云へば、云ひづくして無と見るではなけれども、無の字が一番に心に浮ぶ故に、我しらず無自性の病となるなり。去るに依て、この処をば、空中無の受無の想無の行無のと云ふやうに読めば、又心も転ずるなり。色はなき儘の色なれば、色をさまたげず、なき儘の受想行識なれば、いづれを取り何れを捨つべきともなく、一切ありとあらゆることを、仏でも衆生でも、皆無き儘の一切諸法、なき儘の仏、なき儘の衆生としれば、自ら我も無の我なり。人も無の人なり。これを仏眼と云ふなり」

国師の解釈は凡庸な私にも毛穴から入ってくる。何もかも無い無いづくしでゆけば、「無」ということもない。そこで、いちばんに「無」という字が入ってくるから、無の病いとなるのだ、というあたりが私にはおもしろい。つまり、私は、ここにいて、無ではない。私があるのだが、その私がいまどこかへいってしまえば、ここに、「般若心経」などあれこれいうこともあるまい。つまり私は、いま、一個の私という病人なのだろう。なきままの私が、生きている。その当体が、無であり、私なのだからしかたがない。つべこべ、あれこれと、「般若心経」について、感想をのべてもいいのである。正眼国師も、一休禅師も、私にとって無ではない。正眼国師自身が、「なきままの我は無なり」とおっしゃっている、その無の国師が、私に「有」とみえてありがたい。

眼、耳、鼻、舌、身、意のすべてが無根であることがわかれば、色、声、香、味、触、法もそれにともなって無になってくる。これも理屈のつづきとしてわかる。この六つのことを六塵(ろくじん)というそうだ。色塵、声塵、香塵、味塵、触塵、法塵である。塵はチリとよめばよい。物をけがすものである。眼も耳も、いまだに、物を見ず、きかぬ前は、清浄である。無念無想である。ところが、色を見、声をきいてから汚れてくる。うつくしいものを見ればほしく思い、おもしろいことをきけば心をとられ、見ること、聞くことに迷い、頓着をおこす。これを煩悩ともいうが、煩悩でよごれるから六塵というのである。だが、ここで、般若の大智恵をもって、皆空なりと悟り観ずれば、六根も六塵もないのである。ないといっても、いままであるものを払いすてたからなくなったというのではなく、もともと、六塵の本体はなかったのだ。

生の証しが無

つづいて、心経は、「眼界も無く、乃至、意識界も無く」と説く。

これは十八界を空とする意である。まえの六根、六塵をあわせて十二処。それに六識を加えて十八界といわれる。六識とは、眼識、耳識、鼻識、舌識、身識、意識である。眼には青や黄や赤や白や黒が見える。大小長短も分別する。それが眼識だ。耳にはいろいろな声や音楽をきくことができる。これが耳識だ。鼻にはよき匂い、悪しき臭いがかぎわけられる。これを鼻識という。舌には五味をなめて知ることができる。身は熱さ寒さをおぼえ、痛さかゆさも分別できる、身識とよぶ。意に一切の是非善悪の分別がはたらくから意識という。これを十八界というのは、物に境があるからである。境は界である。眼は声をきくことができるか。否だ。耳は色を見ないだろう。そのつかさどるところは、みな別々の処である。そういうはっきりとした境界などが存在する、感覚世界の、われわれの生の証しが、じつは無だというのである。

一休禅師はここで、わかりやすいように道歌を選述されているので、またつけ足してみる。

おのづから法の界（さかひ）に入る人はそれこそやがてさとりなりけれ　法性寺入道
身こそあらめ心を塵の外になして浮き世の色に染じとぞ思ふ　徽安門院
月影の常に住なる山の端をへだつる雲のなからましかば　藤原国房
このまゝにすまばすむべき山水よ浮世の塵に濁らずもがな　栄仁親王

一枝の花にほゝえむ色見せてやがて心にうつしつるかな　逍遥院
風の上にありか定めぬ庵の身は行衛(ゆくへ)もしらず成りぬべきなり　読人知らず

いずれも、六根、六塵の空無なることに思いをこめられた歌である。

六塵にまみれる

ここまでつきあってくると、「般若心経」という哲学書は、ひどく陰気な見解に思えてくる。この世をもともと空無と断ずる経に、陰気も陽気もおかしな思いだと笑われようが、私には、六根も六塵も無視されて、そこにあるままの当体の私が死んでいる感じがあって、陰気くさい。私は、先にものべたように、あばたもえくぼで、惚れた女には、千里も遠しとせず通う男である。不浄な下着も洗ってやったり、どこかウミの出るような病気にでもなれば、ウミを吸いとってもやりたい思いのする男である。あらゆる女性にそうするのではない。惚れた女にである。つまり、私は、私の眼識によって、女をえらび、その女の匂い、つまり体臭に、鼻識をたかまらせ、その女の歌う声に耳識をはなやがせ、その女がささやく心のふかさに、私の心もわななかせて生きている。

女性を相手にしたから、片よって感じられるかもしれぬから、花におきかえてもいい。いまこの原稿を書いているのはホテルからうつって軽井沢の書斎だが、窓の外は初秋の爽涼たる風の中で、彼岸花がゆれている。コスモスもゆれている。私はコスモスが大好きで、机上に生けて心をなぐさめている。だいいち、あざやかな色がいい。高原のコスモスは、ひと味ちがって、温室咲きのものよりは、色がはっきりしている。花片もいくらか大ぶりで、先の切れ目の線がまるくて、いかにも女性的だ。さわってみると、つるとすべる。かすかな音がたつ。このコスモスは、私が、五月にタネをまいたものである。ことしは雨が多くて、花は苦しんでいた。八月末の台風で、あらかたが倒れたが、秋に入って、ようやく、生きのこったのが咲いていたのをきってきて、コップに生けているのである。眺めていると、花はやがて、散る日を私に暗示している。たしかに、うつくしくて、つややかで、女性的で心をなごませるけれど、やがて散る日のことを思うと、私はふと、彼岸花のように、この花を仏花としていたある東北の火葬場の景色を思いださないではおれない。

それは八戸の火葬場だった。そこの御主人は、小鳥とコスモスが好きで、葬いにくる人の耳に、小鳥の鳴き声は安らぎをあたえるだろうとの心くばりから、竈（かまど）のある部屋と、待合所のあいだの部屋に、百個に迫る数の鳥籠をそなえて、そこでは、何種類もの鳥が鳴きさえずっていた。コスモスは、焼き場のうらの畑に何万本と咲いていた。これは死人の灰が育てたものだった。御主人は死人を焼いたあと、三日に一度は竈の中を掃除される。その際に、人の脂（あぶら）のまじった灰ののこりが出る。ゴミのような灰だ。これを御主人は、ていちょうに畑へもってきてまかれる。灰は人の最後の姿である、粗末にできない。コスモスにしようとの計画である。御主人は、この火葬場にきて、すでに五十年になる。一万体に近い人間を焼いてこられたが、そのあいだに、うらの畑には何万本ものコスモスが生えてしまった。

私は、このコスモス畑を訪れて、人の化身の花が、秋風にそよぐのを見て、まるで花の海にいる気分なのに、泣けて泣けてしかたなかった。

その一日の東北の火葬場の風景が、コスモスの心となって、仏花となって、机上のコップの花の散りいそぐ姿とかさなるのも私の意識である。つまり、「心経」では、六塵とよんで、ゴミのような感覚の根の一つとされるものである。私は、「心経」にそむくようだが、この六塵の働きによって、わが生に、東北の名もない火葬場のコスモスとめぐりあえたことで、はなやぎを感じるのである。その凡庸を愛するのである。六塵まみれの私をいとおしみたいのである。菩薩よゆるせ。私は地獄におちても、このコスモスの花をうつくしいと思う。これがあるかぎり現世に生きていたいと願う。一休さんよ、正眼国師よ、あなた方は、私のこの塵まみれを一笑されるか。

第九章　無明とは何か

無明とは何か？

「無無明、亦無無明尽。乃至無老死、亦無老死尽、無苦集滅道」
　心もあるわけではない。眼も耳も、鼻も身も、色も、声も香りも、味も触りも、考えるということもあるわけがない。眼に見えるものとてなく、それ故、心に思うということもないのだとおっしゃる。だから無明もなければ、無明の尽きるというところもない。老いも、死もない。老いと死が尽きたということもない。苦も集も、悟りも道もあるわけではない、と。

　こういわれると、「般若心経」は徹底して、空中無色を説くと思えて、凡庸の私はあきれないではおれない。心に、身に、眼に、鼻に、耳に、口に生じるもの一切を打破して、もともとそんなものはありはしない。あると思うのが、凡庸人間なのだといわれれば、理屈でわかるにしても、われわれの生きの身のありようは、その一切が心にあって、眼にうつり、鼻に嗅がれ、耳にきこえ、口に味わわれしている現象なのである。厄介なことをおっしゃる、というような気分になる。

菩薩にいわせれば、私の無明であるところかもしれないが。

無明とは、世のなかのあるがままの姿を見きわめる智恵がないために、闇に視界をとざされて、苦しみまようことをいう。

菩薩は、そういう私たちの無明すらも、起きるところはなく、尽きるところもない、とおっしゃるのだ。

正眼国師は、『心経抄』で、この無明の段を次のようにいわれる。


「凡そ無明と云へば、若輩の時よりわるいことじゃと覚えて、無明がかたまっても有る者のやうに思ふなり。さてはない、知ったとしらぬとのたがひ計て、知った心が中よりとび出もせず、知らずに居ると云ても、知らぬ心がまっくろにかたまってもなきなり。只自心親しく直下にうなづけば、知らなんだ心が、其の儘只汝が明かなる心なり。無明即明也。無明をひらいて明かになったではない。只無明の当体でなんにもない故に、その字を付て明かとは云ふなり。然れども知らぬ隔りで、天地のたがひは出来。譬へば大事のことを主君より言付られて、いつの何時と時までさゝれて居て、若し忘れてその時刻がちがへば、死罪に及ぶ、是れ忘れたと云ふて忘れたる物がかたまってあるではない。只わすれたまでなれども、害をなすこと甚し。その如く無明の体性実性なけれども、知らぬは永く空の生死に空しく流転するなり」

まことに、家来が主君より言いつけられた大事を忘れるたとえは、要を得ていて、なるほどと説得される。私もさっき、己れが無明だといってみたが、そういう黒いかたまりがじつは私の体内にあるわけではなく、眼の前に黒い幕がおりているわけでもないのだった。

世のことわりを正しく見る智恵はないので、この世はわからぬことだらけなのであるけれども、そうはいっても、じつは、いま、この稿を書いている書斎の外は秋色がふかい。庭の楓も、紅、黄、一本一本ちがう木の葉の染まりかたがみられる。同じ紅葉でも、陽にかがやいているのもあるし、うらで黒くくすんでいるのもある。空はぬけるようにあおく、澄んでいる。秋色濃く天高しである。どうして、この風光が、無明であるものか。黒くもなにもない。さわやかで、すがすがしい。いかにも、天地自然の宏大をしめすようでありがたい。

だがそういう自然の景色も、私の無明の所産だろう。そうだといわれれば、もともと、眼にうつるすべてのものは、何もありはしなかったのだと思いはゆくが、そんなことにこだわらなくて、じっと空と樹を見ている方がたのしい。

すべて分別次第

無明の起きるところも尽くるところもないならば、過去、久遠よりこのかた、すべては尽きているはずである。それ故、老いも死も、病も、苦もあるのは、そういう生きの身のうつろう流れであって、病苦、老苦という、とまったものはどこにもない。とまって見えるのはみな無明の所産だ。

正眼国師はいわれる。

「無明の当体。元より自性なければ、過去久遠より以来、つきてをるなり。よし尽くすと覚えて情出さんと、知った目より見れば、空情を出し、空かきて空尽するなり。知った人は無明もなく、つくすこともなく、況や明もなく、尽くさぬと云ふこともなく、老いたと云ふこともなく、死すると云ふこともなきなり、爰で人ことに此の色体には、老の若の、生ずるの死するのと云ふことがあれども、この心は不生不滅で、生死もなく、老若もないと覚ゆるなり。それでは、我しらずに身と心と別々になる。此の身は、心の形なり。それでなければ、転廻するに思はく次第形が現ずると云ふことは立たぬなり。然るにこの色身直に生せず死せず、若くもなく老いもせずと云ふことを知らねばならぬ。汝が生死老若の分別なければ、独り生死を離れ、老若を離るゝなり。是ぶんにて慥に知たれば、埒があけどもその分では分別せぬやうを教るに似たる故に、さっぱりとないほどに、一々せんぎして聞かすべし。もしその母の胎の中より生じ出ると云はゞ、母の胎内へ生れぬさきは、いづれから入りたる物であるべき。いや、父母和合の時入りたりと云はゞ、いづれの方より入りたる物ぞ。もしさきの死したる者の魂が、母の体へ和合の時入りたりと云はゞ、其の先の死したるは、いづれより元は起ったとさきを尋ねたる時には、根本出処がなきなり。よし根本の出所があるにして、今日の色身は、前生の色身を以て母の体内に入りたるものか、但し新しき四大を母の体へ持て入りたるものか、もし世間の地水火風を別の魂どもが体内へやどる時持てゆいて人になり畜生になり色々の貌にするぞならば、世間の地水火風が次第に減じて、後にはよみがへったもの計にばかりなって、地水火風はあるまじきぞ。死次第に元へ返すに依て、四大はへらぬとうつけたことを云はゞ、死体を焼いてみれば、なんにもなくなる。然るときは返すと云ふことも立たず、四大曾てかつこの身を成就し、死に及んでは、四大を一々に返し終ると云ふことは、此の身を実に有る物じゃと思ふ人の為めに云ふたことなり。元から無きに依て返すことなきをしるべし。元より不生のゆえに不滅なり、生じたるに似たり、死したるに似たり、死と見、生と見るは、目病む人の空華を見出したるものなり。老若のこともその通りなり。生れて皮肉も円満な時、年もよって身のかしげる時のことを分別して、幷ならべて思ふに依て、若いと思ひ、年ひねたるものは、以前皮肉の円満な時のことを思ひ出すに依て、我は老いたと思ふなり。若いといふは、老の分別に対して云ひ、老いたと云ふは、若いと云ふ分別に対して云ひたることなり。皮肉の円満な時、こちらに老いたると云ふことをよしにしては、何と云ふたるものであるべきか。只円満な時は、円満の時なり。皮肉かしげては、ただかしげたるなり。暫くそれに似たるものなり。去るに依て此の色身の上でやはり生死もなく老病もなきなり。病と云ふに付て、古へより多くの者が悟れば、病はぬけるなり、なんどゝいふやうなことを云ふ者折節ある、大なる誤なり、病は只病なり、色身にも色々の相あり、相にも病者もあり、無病もあり、無病も無病なり、なんでもなきなり。寒い時は衣を重ね、飢たる時には食を喰い、病には薬を用ひ、上たる人を敬ひ、下たる人を憐み、只そのありのままなり。去るに依て、生老病死のその上が生老病死なく、なきが故に尽すと云ふことも、つくさぬと云ふこともなく、只汝が分別であるものと見れば有る物なり、なき物とみれば、なき物なり。どちらへなりとも御分別次第なり。分別の影にある内は、生滅有無の間にぐるめく、その分別直に生死流転の根本なり」

語り得て妙といわねばならぬ。国師のことばをひきうつしてわが色身に感じるのは、四苦八苦のこの世のなかのことで、病いの痛苦はなおさらいうまでもなく、いま心にとどまる。

痛苦なき人生などない

私の娘は二分脊椎（せきつい）という障害を背負うて生誕した。脊椎の第三骨がとび出て生まれた。母の胎内にあるころから、すでにそのような尋常でないそだち方をしていたと医者からいわれた。もっとも、このことは母も知らないことだった。父もなおさらである。生まれてきてわかったことだった。ところが母も父も、凡庸な人間であった。般若の知識などもちあわせぬから、新生児の異形なるを見て、仰天し、悲しみ、悩みした日々のことを、今日もあざやかにおぼえている。いま、正眼国師に、「心経」を説かれ、その悩みや、悲しみは色身の分別にすぎぬといわれても、うけがえない思いだ。なぜ、うちの子にこんな悲痛な運命が宿ったのだろう。かりに生きることができても一生歩けないと医者はいうのだった。子の将来を思うと暗い気がした。いや、まだ新婚まもなかった夫婦の将来にも影がさす気分がないとはいえなかった。よそには五体健康な子が生まれているのに、なぜ、うちに……こういう思いもあった。みな無明のなせるわざなのか。考えれば色身であればこそ、父と母は子をなし得たのではあるまいか。この世に夫婦和合して子をなす家はいくらもあろう。色身の和合である。その家に生誕する子は、どこも健常で、父母の痛苦のタネとならぬ子とはかぎらぬ。なかには、そういう痛苦の運命をもって生誕する子もいる。格別に父母は、運命の苛酷をうらみ、かなしむのである。

ところが、こういう人間の生も、分別を超脱すれば、もともとなかったことだとおっしゃるのだ。生きたといっても、それは、生きたと思う色界の分別である。老も病も、障害も健全もあったものではない……と理屈で教えられても、心にまつわるものは、痛苦である。何とか健常な子にしてやりたいものだが、その方法がないので悩んでいたのである。父母はそうだけれど、子の方はどうだったろう。

無垢な産声(うぶごえ)をあげたものの、数日間はガラスの箱に入れられていた。よその子は白いベッドに寝かされているのに。つめたい金属のメスであちこちいじられ、やがて、外科へまわされて、腫(は)れあがった脊椎部の手術となる。かわいそうなことに、モルモットみたいに、子は生誕してまもなく、医者の手で、背中を切りさかれた。とび出た骨の節をもとどおり、というよりは、正常型に直していただいて、縫合されたのである。このときの手術で、神経線を切断される。今日になるまで歩行不能、何かと不自由に耐えねばならぬ下半身麻痺の障害を背負うことになった。医者が断言したとおりだった。私たちは、考え考えて、子の将来のために手術をしたのだが、それも大きな効力はなかったのだ。まだ生きて間もない子が、耐えねばならなかった切開のあの手術の痛みを思うと、私は菩薩の説かれる「心経」の主意が、はなはだ、どこやらかるみをおびてくる気もする。正眼国師の『心経抄』においてすらも、その切開の痛苦をまたいで、理論に立っておられるようなところが感じられなくもない。もともとこの世は、苦なのだ、といってほしかった。

「古へより多くの者が悟れば、病はぬけるなり。なんど、いふやうなことを云ふ者折節ある、大なる誤なり、病は只病なり、色身にも色々の相あり、相にも病者もあり、無病もあり、無病も無病なり」

といわれるようなところともちがう。生まれてまもなく、背中を切りさかれねばならぬ痛苦の子と、無病健全の子と同一点にならんでいるとは私にはどうしても思えない。どうして身を切られるあの痛苦が、もともとあり得ないものだといえようか。私など小指に小刀を走らせてキズをつけてもとびあがる臆病者だ。わが娘は、その痛苦に耐えて生きた。そして、その障害苦こそ、彼女の生誕直後の人生であった。この世への出発だった。そのことを考えると、「心経」のこの高所から割りきって、人生そのものを空無のもの、もともとなきものと断じる分別には、救われようもない思いを感じないではおれない。お前は、なんにもわかっていないな、といわれても、そう思うのだからしかたない。悟っても、悟らないでも、痛苦は痛苦である。切り裂かれれば、血もとび出る、死にたいほど痛いではないか。それが人生なのだ。それがこの世を生きるということなのだ。どこに「空」ののどかな、痛みも悩みもない世界がわがまわりにのぞいていようか。あるなら見せてくれ。

とにかく生まれてしまった

それでは、経済苦つまり貧の苦についてはどうだろう。うちの娘は、生まれながらにして、歩けぬと宣告をうける障害をもらったが、身苦のほかに経済苦というのも、生まれて何もしらぬ赤ん坊につきまとうことの一つだろう。人はどこに生まれても、そこに父母がいた。子の境遇によっては母だけの場合もあるが、病院で生まれても、自宅で生まれても、母なるひとの股間から産声をあげたのである。そうして、翌日から母の置かれている経済環境の家でそだつのである。このことは、子のはかりしらないところで、べつに、そこで生んでくれとたのんだおぼえはないのである。たのむといえば、生んでくれと母にたのんだおぼえもない。

とにかく、生まれてしまったのである。そうして、生まれてしまったその場所の環境に大きく支配されながら生きなければならぬとはつらいことだ。その環境とは人によってずいぶんちがう。田も山も、土蔵もある富裕な家に生まれたのと、土蔵とてなく、漬物の小舎もない破れ家で、しかも、田も山もなく、その日のめしを焚く薪まで、山へ入って拾ってこなければならぬ小作百姓の家に生まれたのと、地主の家の子とはずいぶんちがう。だいいち富裕な家は、絹の産着に、純白の蒲団だろう。冬ならば、温かく、火の燃えた部屋だろう。ところが、貧困だと、寒風のふきつける部屋である。炉火は燃えていても拾った生木をたくから白煙がうずまき、家じゅう煤だらけだ。冬なら吹きこむ雪に赤ん坊の蒲団もしめっていよう。産着はボロをかきあつめたものだから、ごわごわしていよう。

だが、この生誕のはじまりから人間は平等だと、憲法も菩薩もいうのである。わけへだてがないのだ、と。じつは平等などであるものか。生まれた翌日から、われわれは、ひどい差別の世を生きるではないか。平等なのは、金持ちの子も、貧乏人の子も、そこに産んでくれとたのんだおぼえのないことぐらいが共通していることだ。それと産声の無垢さぐらいだろう。しかし、この産声にしても、胎内でうちの子のように事情があって、逆子でいて、生まれ出るときに、金属製のハサミで頭をはさまれて出てこなければならぬ場合は泣き声はあげない。のんきにするりと出てくる子にくらべたら、もはや、この出産からして、いろいろと格差もあるようだ。しかし、まあ、そのことは、子供にはまだ、大人のような五感も働いていない、そう差別感をもつわけでもなかろうから、置くとして、客観的にみれば、あれこれみな、家の、父母の環境によって、ずいぶんちがう第一歩だと思う。

だが、赤ん坊は生きる。母の乳房にしがみついて生きる。乳房のあたえられない子は、哺乳瓶のミルクにしがみついて必死に生きる。

五体健康な子は、通常のそだて方で生きる。うちの娘のような子の場合は、医者にメスをもってもらって、とにかく、通常の子に近づけようと努力してもらって生きる。そうして、共通に、五感を身にそなえてゆくのである。眼があけば、その出自の環境のけしきを見るだろう。よごれた部屋着へともどった母。うつくしく化粧してベッドによこたわるネグリジェの母。いろいろ母の姿はあろうが、いずれにしても、大半の子は実母に抱かれて、乳をあてがわれる。そうして眼があけば、その母のふところのぬくみ、乳房の谷の汗ばみに安らぎをおぼえる。このあたりから、安らかさと、安らかでないことの判別が生じている様子で、母親が抱いてくれぬと泣きわめく。欲が出る。鼻が発達する。耳が発達する。口が発達する。眼、鼻、耳、舌、身、意がそなわって、いよいよ「色身」となるのである。この期間を、生後三ケ月ぐらいとしようか。四ケ月目から子は、この世の苛烈な差別の世界を識るようになる。そうして、四季おりおりの、風光のきびしさや、うつくしさ、やわらかさにおののき、やすらぎ、怒り、かなしみして、感性をつちかって生きるのかと思う。

そのオリジナルにして、当人しかこの世にいないかけがえのない生を生きるのが、もともと「苦」だと菩薩はおっしゃるのだから、その生に、秩序を、平穏を、安らぎを求むることはどだい、ないものねだりというわけである。一生が苦だ。生老病死が苦なのだから、生まれて死ぬまで、苦が充満しているといってしまわれればいいようなものだが、しかし、貧富の差で、その苦に軽重がある気がする。読者は私の意見を笑うだろうか。私は「苦」をハカリではかって、人とくらべてみたことはないからわからないけれど、七十二歳まで生きた今日、その思いはすて切れぬ。友人の中にも、ずいぶん、私にくらべたら、うらやましいそだてられ方をしたのがいたり、私よりもひどい困苦欠乏の赤貧の中で、生まれそだった友人もいる。その軽重濃淡の度合を云々するのはいけないかもしれぬけれど、凡庸な色身の子は、苦も軽いとやすらぎ、重いと悩み苦しむものなのだ。

何と高遠な、何と冷静な

私の場合は、家に全盲の祖母がいた。二十五から眼がつぶれて、まったく見えなかった。だがその祖母は、集落の区長さんから、「歩き」を命ぜられて、村のふれごとをいう役目をさずかり、七十二まで、健脚をほこって働いた。手間賃年額二俵二斗。燈明代十三銭が収入だった。そのため、私は赤ん坊のじぶんから、この盲目の祖母に背負われてそだった。背中から眼の見えぬ祖母を導くのがしごとであった。祖母は、大雨や大雪の日は「歩く」のをやめたが、たいがいの日は、朝早く、区長さんのところへ用事をききにいって、六十二戸の集落をふれ歩いた。私は背中にいて、道びきしたからしっているが、世の中の道は、馬と牛のくそだらけだった。どうして、村の道のドまん中に、あれだけ、馬糞や牛糞がおちていたのだろう。富裕な家ほど、村の中段部にあるからだった。村は、谷の窪地に密集していたから、家を建てるには、高みが望まれ、金持ちは、せまい谷の適当な場所に住んで、馬や牛も同居させていた。それで村民の田圃から、収穫物を車につつんで牛車にひかせて、高みへあがるので、村道は牛馬の糞が落ちこぼれ、いつも、コッペパンのような糞が落ちていない日はないのだった。これは金持ちの家の家畜が落とすもので、小作人にはないことだった。しかし、祖母は、その高みの家へもふれごとに歩いてゆかねばならぬから、富裕な家へゆくのは、牛馬の糞との闘いだった。眼が見えぬから、まん中を歩いていると、そのコッペパンのような糞をふんだのである。足はいつもにちゃにちゃになった。だが、祖母は、それでも、歩かねばならなかった。米二俵二斗と、燈明代十三銭をもらうために歩かねばならない。牛馬のいる富裕な家は高みだから、それだけ歩くのは辛労だが、祖母に何より辛労だったのは菩提寺へゆく日だった。寺にも、住職と奥さまがおられるからふれごとはある。とくに、寺は寄合いの場になるので、区長さんと懇ろでもあるため、用事はしょっちゅうだ。その寺は、高みでは村いちばんで、何段もの石段がある。臨済宗相国寺派西安寺という石の標石が石段下にあって、子供のころは、この石段は百段もある高い、おそろしい高台に思えたものだ。眼の見えぬ祖母は、この石段下へくると、背中にいる道びきの孫をおろした。石段は急なので、のけぞるからである。子供の私にも、これは恐怖である。雪の日などは、よくすべるので、祖母は私をおろすと、雪の中へ置き、自分ひとりで、手をついて、這いあがってのぼった。

「寺へゆくのは、つらいわ」

というのが、あまりぐちをいわなかった盲目の祖母ののこしたことばだった。その寺とは、菩薩の教えを守る仏弟子の家であり、迷い多き凡俗の私たち、檀信徒の、つまり色身の痛苦をやわらげてくれる法施の人の住み家のはずだった。が、盲目の祖母は、きらった。寺はおそろしい、といったのである。私は今日も、幼少時の、この「歩き」の祖母のくりごとを思いだして涙ぐむのだが、西安寺の石段はさいきん、寄付者があって、ひどく角ばったコンクリート製のぴかぴかに修復されて、いっそう盲人の参詣を拒絶するアプローチになった。子供心におぼえているのは、石段のよこに、垣根があり（文右ヱ門という素封家の杉垣だった）、そこのあいだには、辛うじて老人が這ってのぼれる段のない道があったが、それがどういうわけか廃止され、石段は、その部分へものびて、とがってけわしくなったのである。集落に盲目の人はいる。老いれば、眼を病むのはごく自然なことだった。人は、死に近づくにしたがって視力をうしなうのは常識だが、その老人が、死に近づいて信仰心をあつくつちかおうとするのも自然である。詣りにくい老人のために、角ばった石の段を構える寺院の真意がわからない。

いま、こんなさかしらごとを横道承知でいってみたのは、まだ、二、三歳だった私が、雪の日に雪の石段を這いあがってゆく祖母を見たせいだ。それでこういう寺院に対する絶望感のようなもの、嫌悪感といったものが、私の中にそだっている。そこが自分の出自というものであった。つまり、私が、素封家の家の子に生まれて、歩きしごとをせねばならぬような盲目の祖母など、家にいなかったら、こんな思いはしなくてすんだろう。が、私の色身は、無垢に生まれて、産声をあげた翌日からそういう祖母のいる家庭を見ないでは生きられなかった。そうして、私なりの感性が育ち、眼、鼻、耳、舌、身、意の六感が働くようになると、そういう、よからぬ、仏罰の当るような石段の多い寺院に対する怨嗟（えんさ）の感性をそだててしまったのである。ああ、菩薩よ、この色身の無明にして、救いなき黒々とした泥沼を笑いたまえ。いま、正眼国師や、一休和尚やの「心経」解釈をよみ、さらに、たくさんの先輩の本をよませていただいていると、和尚や諸先輩が何と高遠な場所にいて、苦を超克しておられるかということに羨望がつのる。

私にとって、「般若心経」は、この「乃至無老死、亦（やく）無老死尽、無苦集滅道」にいたってまこと冷たいお経だなという気がしてくる。さよう、色身の心底からいえば、「心経」の何と冷静なことよ。クールであることよ。

第十章　四苦八苦を成敗するには

四諦八正道とは何か

四苦八苦とは、生老病死、怨憎会苦、愛別離苦、求不得苦、五蘊盛苦をあわせた八つだという。わが人生をとりまく苦の形態が八つあると菩薩はおっしゃるのだ。

無明が根本原因となって、行、識、名色、六入、触、受、愛、取、有、生とつながって結果をよび、とどのつまりは老か死が訪れて悩む。これを「十二因縁」と教えられる。そうすると、もはや、人が生きるということは、苦しみまよいから逃げるわけにゆかないことではないか。「生」が苦の筆頭だからである。だが、これは、無明なるがゆえに、そういうことにとらわれる、というのだ。無明でなければ、生も苦ではないのだそうだ。

つづいて、菩薩は「無苦集滅道」といわれる。人生の現実は苦にみちている。生きることも、老いることも、病気になることも、死ぬことも、どれひとつとして苦につながらぬものはない（これは私と同意見だ）が、じつは、われらの生にはそういうこともないのであるといわれる。さきにあげた四苦、八苦を成敗するにかぎるのだ。その成敗方法は原因をとりのぞくこと。とりのぞくには、八正道を生きよ。八正道とは、正見（正しい見方）、正思（正しい思い）、正語（正しい言語）、正業（正しい心がまえ）、正命（正しい生活）、正精進（正しい努力）、正念（正しい決断）、正定（正しい専念）の八つをいう。

「苦集滅道」のことを四諦とよんだ。私もじつは、瑞春院から小学校を卒え大徳寺よこの般若林へ通った十三歳まで、蓮沼良湛先生からこの四諦八正道について、むずかしい講義をうけた。よくわからなかった。先生のおっしゃったのは、四諦すなわち、苦、集、滅、道の説明である。「苦」は先にかいたような八苦である。九苦というのはなさそうだ。だいたい八つで事足りる。「集」とは原因である。苦の原因である。「滅」は亡びるということである。つまり、苦の原因が亡び、「道」に入れるということである。それがもともとないのだとまたしめくくられる。生老病死がなければ、無明もなければ、苦集滅道などということもない。さらに菩薩はつけ足される。「無智亦無得」と。

知もなく、得もないと。私たちの知恵や知識にとらわれることなく、虚心坦懐に生きておれば、損も得もない。そんなすべてのはからいは消えるとおっしゃる。

一休和尚はこのところを次のようにいわれている。

「種々の苦しみあるを、苦諦といふなり。集諦とは、集はあつむるとよめり、是は過去にもろ〳〵の悪業の因をあつめもちたるをいふなり。滅とは、一切の煩悩妄想を滅しつくすをいふなり。道とは、煩悩を滅して、不生不滅の涅槃の楽界に到る修行の所を、道といふなり。これをとりあはせていふときは、先づ今この界へ生れ、色々の苦しみをうくるは、いかなる因縁ぞといふに、過去にて悪業煩悩をあつめてもちたるゆゑに、その因をもって、今この苦をうくる身をまねき得たるなり。さるほどにこの苦をいとひ出離を求むるには、先づ悪業煩悩を滅する道を修行して、さて、不生不滅の、寂滅為楽(じゃくめついらく)の所に到る。苦集の体、元来自空なる間、滅すべき苦集もなく、修行すべき道もなきがゆゑなり」

　ちょっと気になる文章である。今の世の病苦は過去の悪業が因だといわれる。どうも、一休さんは三世因業論者らしい。過去にわるいことをしたから、いまむくいとして苦をうける。そうして、その苦をのがれるためには、修行して不生不滅の槃楽（はんらく）の道に入らねばならない、と。凡庸な私たちには、この世が苦しいのは、前世のむくいだ。もしのがれたければ死ねといわれているような気がしないか。修行に修行をつんで、到彼岸の境地にならなければ、苦はまといつくだろう。死ぬのがいちばんだといわれているのではないか。そういえば、死ぬことを涅槃（ねはん）に入るという。死ねば、凡庸な私も、この四諦などくそくらえだ。八正道もくそくらえだ。道もいらない。滅そうという必要もない。どだい苦がなくなるのだから。そう思うても、しかし、いま生きている以上、私も娘も妻も、この苦悩の世を、過去の世に積んだ私たちの悪業のむくいとしてあきらめねばならぬだろうか、一休さんよ。

だろうか。

こつこつやれという教え

一休禅師が、こんなことをいわれるなら、正眼国師は、さてどういわれている

「苦は皆一切苦なりと観じ、集は一切分別して色々のことを集る故に、生死するぞと観じ、滅は一切皆滅し尽して道の涅槃を悟らんとする、是れは皆刻仏法で埒明かぬこと。今般多くの禅者、随分直指見性の法を知るやうなれども、皆この四諦の修行におちて居るなり。故に右一々云ひたる如くよくよく合点すれば、直に根源を尽くして、只是れ本より不生なく不滅なり。なんの苦集滅道と云ふことがあるべきぞ。爰にとっくりと落着いて見れば、一切をあきらむると云ふ智も又なきなり。智もなき故に、得るところもなきなり、又得る者がなきと云ふ分別もなきなり。然れども多くの禅者、仏学の上人が、爰で誤ることがある。いかにも、理はこの心経の如く合点しても、事と云ふ物は、漸々に除

かねばならぬ。去るに依て、楞厳の中にも理は頓に悟ると雖も、事は漸々に除くとあると云ふ也。是れは古代より多く覚え違ひて居ることとなり。先づ事と云ふものと理と云ふものと、二つに見て錯に落てをる。理と見るも、己が分別、事と見るも、己が分別なり。分別を離れて、事理が方より理じゃ事じゃとは云はぬなり。さて楞厳の理雖二頓悟一乗レ悟併消事非二頓除一因二次第一尽とやらんあった。此れは根の差別を計っていはれたることとなり。上根の人は、直下に此経のごとく点頭したれば、修行を用ひずして直に自性を悟りたる眼には、なんにもなく、目にかゝるものがなく、煩悩の、菩提の、仏の、衆生のと云ふこともありとあらゆること、のこらず合せ錯損するなり。然れどもいやそれでも地獄と云ふことがあり、さま〳〵のことがあり、はらもたち、欲もおこり、色々のことがあるに依てと跡ずさりをするがさいご、いかにもその人は頓に除くことはならぬ、漸々次第につくして行くと云ひたることとなり。然る間、眼の付所がちがふては、此事頓に成就することとならぬなり。是れに付て多くかるはづみの輩が、仏法なく、衆生もなんにもないといって、勤めもせず、仏前等をもおろそかにし、坐禅もいらぬと云って打破にし、誦経もいらぬと云って、ひゃうきんなことのみにして居るやからもある、それは得手勝手の悟なり。坐禅もいらぬと云ひ、誦経もいらぬ、礼拝も用ひずならば、欲も用ひず、淫欲も用ひず、人を憎むことも、人を愛することも、人のことに善悪を付けることも、何もかも用ひぬはづなり、其方は大事ない、こちらはやくに立たぬと云ふのは、とつけもなきことなり。世間の上でさへ、子は父母の前に礼を厚くし、上たる人は、言葉まで差へぬやうにす。況やその人の云ひ付ることを背かぬは、常人の道なり。その如く仏の一々其法を立ておかれてある故に、役に立つの立たぬのと云ふ、りかんなことはなし」

「坐禅がもしいらぬ物ならば、立つことも、行くことも、臥すこともいらぬものよ。なぜなれば、行住坐臥は、四威儀とて定りたることなり。この内いづれはいらぬこと、いづれはいることと云ふことはなきなり」

国師のことばは、衆僧にあたえておられるから、ここで坐禅が出てくるが、これは「集」滅せんための「道」をとかれているわけであろう。八正道の実践にほかならぬが、厄介なことは、この四諦八正道も無なのだとする「心経」に参入してしまうと、そこつ者は、経もよまぬ、坐禅もせぬ。「道」がないなら、やってもやらなくてもよいということになるのを戒めておられるのである。つまり、頓悟するのではなく、漸悟すべし、と。こつこつとやれということか。

すると、私も、先程、言あらく、祖母の「歩き」の日常から、菩提寺の僧に向かって文句をいったが、ここらあたり、まだまだ修行が足りないということか。

第十一章　のたうちまわって生きるしかない

苦しい人生の中でしあわせを摑むには

「心無罣礙」とは、心を覆う障害がない、迷いとか、悟りとか、死ぬとか生きるとか、よいこととか、わるいことといった自我意識がない境地をいうのである。

「財宝でも取ることもなく、捨ることもなく、なんでもかでも、子細もなく、ありの儘で分別なければ、何を煩悩と断ち、嫌ひもなく、何を菩提と云って、得べきこともなく、況や一切のこともその如くなるべし。かくの如く所得なきを、真の菩提薩埵と云ふ。依般若波羅蜜と云ふなり。この時心にかゝわりさはることなきなり。碍りなければ、恐怖のおそれなきなり。恐れなきとて六方がましきことにはあらず。故に返す〳〵も菩提薩埵の般若波羅蜜のと云ふ色々の名に迷ふことなかれ、みなほめたる名と心得べし」

と正眼国師はいわれている。一休和尚はつぎのような道歌をえらんで、紹介される。

花みんと植ゑけんひともなき宿の桜は去年のはるに咲かまし
あすしらぬ吾身と思へば暮れぬまのけふは人こそ悲しかりけれ
野に立てる枝なき木にもおとりけり後世しらぬ人の心は

つまり、心にこだわりがなければ、何らおそれるという気持ちも起こらない。「無罣礙故無有恐怖」とはそのことである。

「遠離一切顛倒夢想、究竟涅槃」とは、一切をあやまってさかさまに世のなかを見ていた考え方からはなれ、あるがままのものを、あるがままに見よということだ。究竟涅槃とは、一切の迷いからのがれて、世のなかのあるべき姿を見きわめれば、この世に存在するものはすべて、誰の所有物でもなく、自分のものとて何ひとつない「無所得」に気づくだろう。そうしたことに目ざめれば、即座に苦しい人生のなかにあっても、しあわせをつかむことができるということだ。

「一切と云ふ言を具に知るべし。世間色々のことは申すに及ばず、仏と見るも顛倒なり、衆生と見るも顛倒なり、なんでも目に掛かり分別におつる間のことは顛倒なり。声を声とするも顛倒なり、顛倒じゃと見るも顛倒なり、爰で分別の手が離れ、無所得なるべき処なり。仏もこの仏果を得んと思ふ所得の念で、往来八千返し玉ふなり。無所得の時、初めて阿耨菩提を得たと金剛経にある。顛倒と云ふも、夢のおもはくと云ふも、同事なり。一切所得顛倒分別の手から離れたらば、初めて夢がさむることとなり。この時を涅槃を究竟したと云ひたることとなり。さて涅槃は不生不滅といふことなり」

と正眼国師はいう。

「三世諸仏、依般若波羅蜜多故、得阿耨多羅三藐三菩提」とは、過去、現在、未来にあるもろもろの仏とは、究竟涅槃に入り、無所得に目ざめたる人たちであるが、この仏たちも、般若の大智恵を以て、阿耨多羅三藐三菩提を得られた。阿耨多羅三藐三菩提とは、「無上正等正覚（すぐれたるさとりのくらい）」という意味で、無上とはこの上ない悟りである。正等とは、まさにひとしいということ。山をみれば山にひとしく、川をみれば、川にひとしい。物々それぞれ万境にあってひとしい。これを平等というのである。正覚とはそのことをいう。物々におぼえちがいのないことをいう。

「迷も涅槃の迷、悟も涅槃の悟なり。迷て涅槃をいでず、悟て涅槃にいらず、出入のなきことなり。何やら経の中に、涅槃にいるの仏もなく、成仏したる仏なしと云ふことがあったも、この事なり。迷ふたと云ふは、己が家に居ながら、忘れて余所の家に居ると思ふやうなものぞ。我が家じゃと知ったと云ふても、今初めて己が家に入りはせぬ、本来より本宅なり。然る故に、本覚〳〵と云ふことを云ふなり」

と正眼国師はいわれる。

「心経」の最後は呪である

「故知般若波羅蜜多、是大神呪（ぜだいじんしゅ）、是大明呪、是無上呪、是無等等呪、能除一切苦、真実不虚（ふこ）」

「呪陀羅尼は、唐の言葉にして、総持といふことなり。畢竟心の名なり。総持とは、すべてたもつと云ふことなり。自心能く知ってみよ、よきことあしきこと、長きこと短かきこと、声も色も、なんでもかでも対する儘に、すべて通して一も余ることがなきを、総持と云ふなり。この自心般若波羅蜜は、誠に大神通不思議の呪なり、大に明かなる光明遍照十方世界呪なり、是れより上のなき無上呪なり。上がなきに依て、又下と云ふこともなきなり。何にたくらぶべき物もなく、等しき物もなきを、無等々呪と云ふなり。自心の本然なる処を、色々にほめて云ひたることなり。右初めより終りまで云ひたる所を、念頭に知ってみよ、一切苦を離れ、一切真実にして、みたくなることがなきなり。かく言へば、いつか真実なぞと一物が出来て持てをる所があるほどに、よく〳〵照すべし。是れより末の義理を知っていらぬこと、死句になり、余のことになるほどに、わざとしるさぬなり」

正眼国師の解説を待たずしても、「般若心経」は終わりにきて、大般若の知識を神通力ある呪にあずけて、しめくくることになる。

「故説般若波羅蜜多呪、即説呪曰(しゅわつ)、羯諦羯諦(ぎゃていぎゃてい)、波羅羯諦、波羅僧羯諦、菩提、娑婆訶(そわか)。般若心経」

これまでのべてきた本文の内容を総括的に表わそうとして、こういう呪になったのである。羯諦とは、「往ける者」という意だそうである。

一休和尚はいう。

「この十三文字は呪なり。是を密語の般若ともいふなり。呪は諸仏の密語なるがゆゑなり。たゞ仏のみ、能是を知り給ふなり。余人は知ることあたはず」

「菩薩は天竺の詞なり。これ智道ともいふなり。合していふ時は、覚智成就といふこゝろなり。道のさとるべき処にいたり得たるを成就といふなり。菩提は、はじめの義なり。娑婆訶は末の義なり。はじめ菩提心をおこして退屈なし、勇猛に精進して、修行をおこたらず、大道をさとりて、本来空の処にいたるは、即ち菩提なり。悟り終て、畢竟空なれば、娑婆訶なり、これ仏成就のところなり」

と解説している。正眼国師は、この最後のしめくくりを、あいかわらず個性あふるるいい方で、

「右は時の物語を書付て見たれば、やくにも立たぬことなれども、彼の唐の人

も云ひける糠をなむければ、米にも折節あたるといへる如く、千に一つも心に移ることもあらばとて書いつくる。くどきこともあり、たらぬこともありき。是を判にゑると云ふことにてもなく、人に見せるということにてもなく、只戯事のやうなること、見てのち丙丁童につたへ給はるべし」

とむすんで、「羯諦波羅羯諦」についてはふれられない。ふれる必要はないのだろう。国師の『心経抄』は、これで終わるのである。

一休は、道歌をもち来って、解説を終わる。

おろかなる心の中を尋ね見よ外にほとけの道しなければ　後鳥羽院
世の中は皆仏なりおしなべていづれの物と分ぞはかなき　花山院
様々に千々の草木の程はあれど一つ雨にぞ恵み初ぬる　崇徳院
長き夜の闇路の雲は晴れねどももとの光はありあけの月　御製
色も香もなべて空しと説く法の言の葉のみぞ誠なりける　頓阿法師

出るとも入とも月を思はねば心にかゝる山の端もなし　　夢窓国師
夜もすがら仏の道をたづねれば我心にぞたずねいりける　　一休和尚

業の花を咲かせて生きる

私は正眼国師と一休和尚の「心経」解説を主にして、「般若心経」をどうよむべきかについて、見てきた。けれど、経末にきてやはり「心経」は、あくまで空哲学の書であることを思い知らされた。この世の一切のものは、すべて「空」なるものだとする深い眼をもてば、一切にこだわる日常がおろかに見え、あるがままに、あるがままのものをそこに見て、何の詮索もなくくらせば、そこに人間本来の安息を招きとることができる、と説くこの経は、私のような凡俗人の頭を撲りつける高遠な思想である。まことに、理を以てかく説きつくされれば、自然と眼の前の雲がはれるような気分にもなるのだが、しかし、凡俗の私には、あるがままの存在をゆるす、いや、ゆるすなどといってはまたあやまりになるわけだが、無心、無所得の境地に入ることのむずかしさが思われてならない。

早い話が、私は、今日も障害をもつ次女の将来を思いあぐね、いつくるかわからぬ私の死をおそれている。私が死ねば、妻はともかく、子の生きこしが心配になる。死ねば、もうそんなものともかかわりがない。妻といえど、子といえど、それは色身にかかわる存在だったゆえに、死は般若の智恵に参入した「空」の身現に他ならぬから、何ほどのかかわりももてぬということになろうけれども、しかしである、私という人間が、この世にうんだ、歩けない子のゆくえが気にかかるではないか。

かつて、私の師匠山盛松庵師や、村の菩提寺の和尚たちは、三世因業説を説いて、私を諭された。過去、現在、未来は、私たちの業によってつながっている。すなわち現在の苦悩は過去の行跡にかかわる。よって、未来に安心を得んと欲せば、今日、仏道をきわめる行に精進せねばならぬ、と。過去にわるいことをしたから、現在の苦が生じている、というこの説法は、私の今日の苦悩の根にふかくささっているのである。小さいころに、たたきこまれたため、血液の中に入りこんで、障害の子を生んで、その将来を悩み苦しむ私は、過去にそのむくいをもつ根をつくったのだろうか。そうなると、私という人間だけがもった業であって、罪ぶかいではないか。そうして、その罪ぶかい私に、妻はかしずき、子は、愛憎の朝夕を這いながら生きてゆかねばならぬ生涯だろう。かようなことを思う私を、「心経」は、高い所から叱咤する。色身の迷妄ではないか、と。そのような迷いごとを申すから、「心経」をよませたのだぞと説いてくれても、説法は、うちの子の足を直してもくれやせぬ。子の苦は、生きているうちはつづくのだ。その子を看護せねばならぬ妻も、同じ悩みと苦をもちつづけるだろう。こう思うと、私だけが「心経」に救われても、はなはだ得手勝手だな、という思いもしてくるではないか。

そうだ。何も、自分だけ悟境に入って、悠然と、ありのままをありのままにみてくらす境界になどいないで、妻子とともにいっしょに苦しみをともに生きもがいた方がよいような気もする。悩み多いこの世に、悩みのタネをまいて生きている私は、その種子の芽だちによって、それぞれの業の花をひらかせて、くらしたい。妻子とともに、のたうちまわって生きるしかないではないか。どこに安心立命などあるものか。そんなものがあったら、見せてくれ。私の眼の前はいま、闇のくろぐろとした、ひとすじの光りもない漆黒があるばかりである。仏も見えない。神も見えない。法の声もきこえてこない。救いのないくらやみだ。私は、そのくらやみに、心身を染めて、のたうちまわって、ことされる日まで苦しみ生きるしかない。そこに、多少の慣れのようなものを感じることはあっても、救済されてゆく自分はないような気がする。困った人間だ。しかし、困った人間だから、いま「心経」が、ありがたく毛穴に入ってきて、心身を洗うような気もするのである。そして、不幸なことに、洗われたしりから、また、くろぐろとしてくる。

「ぎゃあてい、ぎゃあてい、はらぎゃあてい、はらそうぎゃあてい。ぼうちそわか、はんにゃしんぎょう」

と私は九歳のときに、松庵師から、耳にこの経文をたたきこまれて、「心経」をよみおえたと信じた。「ぎゃあていぎゃあてい」とくるころは、正座していた足のしびれもひどくなるころだった。それで、ぎゃあてい、ぎゃあていといいながら足をうごかし、腰をうかして、苦行のようなこの誦経の時間から解放されるのを待った。いま、ふと、その幼少時代の、意味もわからぬままに誦じていたころの、欲心のない「心経」への参入がなつかしい。

正眼国師は、この私をどう思われるか。禅師もいまは故人ゆえ、いくら赤穂の龍門寺にその木像を拝んで訊ねてみても、ご返事は返ってこないのである。

あとがき　PHP文庫（一九九一年）版

「般若心経」を訳してみないか、といわれたけれど、訳す力など私にはなかった。これまで諸先輩の「心経」に関する本は何冊かよんでいて、それらの書物に教えられて入門していたように思うが、本文にも書いたように、九歳半で寺に入って、すぐこの経をよまされたのだから、縁はあったのである。十七歳で寺から逃げ出して還俗したが、その後、経文をよむようなことはなかったけれど、何ぞというと口から、ならった経が出て困った。「枯すすき」のように出てきて、人前でもよんでみたことがある。その経は、たいがい大悲呪（なむからたんの）か、心経だった。また、心経は、友人の中にもよむのがいたし、知人の家のお年寄りの中にも上手に誦じる人がいた。また、当節は写経がはやって、無信心な私にも、心経一巻が彫れたからと木版ずりのや、切り紙の経をおくって下さる人もある。アメリカにわたった友人で、ニューヨークの郊外に住む人から、隣家に日系のお年寄りで、写経三昧の方がいる。その方は、心経をうつして日系人に配るのがたのしみだ、ときいたことがあった。私の周囲でさえそうなのだから、大ぜいの日本人が心経に魅力を感じておられるのだろう。

するとその魅力とは、内容にあるわけだろうから、ずいぶんの人が、心経の意味のふかさに酩酊されて、いやよく理解されて、座右の経文としておられる様子である。

だが、私はどうか。おろかな私は、じつは、ゆっくりと心経を読む時間をもたなかった。諸先輩の書はよんだが、心経そのものの本文を体当りで、読解しようと格闘したのは、じつはこんどがはじめてであった。

それ故、私は、正眼国師と一休禅師にみちびかれることにした。この二大禅師は、臨済派の高僧であるが、どういうわけか、風変わりな僧として、いわば正統のなかにくみこまれず、異端の僧として風格を尊ばれているのである。良寛さまもその仲間に入れてもよいと思うが、どういうわけで異端者なのか、私にはさっぱりわからない。

正眼国師は、盤珪禅師のことだが、臨済宗でも妙心寺派に入られたが、中央をきらって播州赤穂に住まわれた。不生禅という独自の哲学をうちたて、それまで正統といわれてきた白隠派の公案禅をけなして、平仮名で、しかも、口語体で語録をつづられた。女性にもよく説法された。型破りだった。いわゆる盤珪流といわれたその独自の説法ぶりは、本文に時々、うつした心経解釈のいいまわしの妙で、推察して下さったろう。

一休もまた、正統派の公案禅をけなし、巷を彷徨したことで有名である。本文にも出したように、道歌や平仮名法語で、無常を説かれた。中国からつたわったままのむずかしい言葉をかみくだくようにして、在俗の信者に説かれたのである。

良寛さまは、少しちがっていた。経はとかれず、弟子もとられず、寺にも住まれなかった。山の五合庵に乞食僧として住み、子供と手毬つきしたり、かくれんぼしたりして、俗にまみれて生涯をとじられた。この方は曹洞宗である。道元禅師の後裔ということになるが、なぜか、正史にくみこまれた伝記はなく、江戸初期から民間人の信奉によって、その徳がうたわれ、したしまれ、たくさんの良寛伝も出たが、ご当人は自分についてのことは何も書きのこされず、すばらしい道歌や法語だけをのこして果てられた。いってみれば、文芸の人というべきか。

この三人の僧たちの行実をたくさんの本でのぞいてゆくと、三人とも寺院というものにかくべつの思いをもっておられ、一休さまと良寛さまにいたっては、真の出家は寺を出るものだとおっしゃっている。そのとおりかもしれない。般若心経の趣旨をくめば、差別戒名などつけて、布施をねだってくらす僧などおかしいからである。だが、今日も正統派の僧たちは何だというと、法事にも葬式にも、般若心経をよむ。この経がみじかくてかんたんだからだろうか。私も、師匠におそわって、十二歳で棚経に出た。意味もわからないままに、心経だけは暗唱して、檀家まわりを果した経過は本文に書いたとおりだ。どの師匠たちも、経の趣意を解さないでよんでおられるとは思わないが、色即是空に徹した経の趣旨は伽藍や名門にこだわる今日の僧とどうかかわるのか、そこらあたりのことが気になってしかたなかったことをつけ加えておく。

あとがきにこういうことをつけ足すおろかさをゆるしていただきたい。ありていにいえば、般若心経ほど、今日の出家僧のこっけいさに気づかせる経はない気がしたからである。国師よ、禅師よ、ふたたびこんなことをいう私を地下から笑われるか。

昭和五十七年十二月

著　者

あとがき　全集第二巻（一九九六年）より抜粋

『「般若心経」を読む』は、十一歳で得度した京都・相国寺塔頭の瑞春院での生活を思いおこしつつ、師山盛松庵和尚から習った般若心経の誦読と、般若林・紫野中学で湖海玄昌師から教わった授業の思い出をかさねて、さらに、一休和尚や、盤珪国師の訳をも参考にして、私流に、色即是空の世界を学び直すつもりで書いたのである。ＰＨＰ研究所から書きおろしで刊行された。凡庸だった少年時に難解な仏教哲学に入りこめたとは思わない。ただ和尚の口から経本のよみ方を習って、意味のわからないままに、諳誦したのであった。その諳（そら）んじてよめる本の内容を、先師たちの解釈に案内されて手さぐりで学んでみたのである。この本は、版をかさねて今日に到っているが、私のような破戒小僧の書いた本でも、読みたい方もおられるのだろう。ありがたいことである。これは私の手柄ではなくて、心経一巻の、深い哲学がよびよせるのだと思う。

私は小僧時代に、金剛波羅蜜多経という長い経を習って、正月とか盆には本堂で誦じているのだが、般若心経は金剛経のダイジェスト版だという人もいる。こんど校正の時によみかえしてみて、金剛波羅蜜多経を学び直してみたい思いにかられた。六祖慧能大師は文盲の身の樵夫でありながら、一日、金剛経を説く人が町の辻にいたことが縁で、その日から禅に入られたときいたからである。

一九九六年四月十日

水上　勉

解説

高橋孝次

「般若心経」をあつかった諸書のなかで、きわだった本書の特色は、その融通無碍な語り口にある。もちろん、「般若心経」の経文の意義やその高遠な空の哲学について も、作者はもれなく語っている。しかし、いちばん惹きつけられるのは、「般若心経」を前にして作者水上勉が、赤裸な「私」をさらけ出すように語ってゆく姿である。読者はその「私」のなかにみずからの似姿を見出さずにはおられない。

この世の一切のものは、すべて「空」なるものだとする深い眼をもてば、一切にこだわる日常がおろかに見え、あるがままに、あるがままのものをそこに見て、何の詮索もなくくらせば、そこに人間本来の安息を招きとることができる、と説くこの経は、私のような凡俗人の頭を撲りつける高遠な思想である。（第十一章）

「心経」に対して作者は常に凡俗の側にいる。凡夫の「私」には、理屈ではわかっても、承服できないのだと追い縋って、難解で冷たい色即是空の「心経」の世界に、何度となく挑みかかってゆく。とりわけ作者は「諸法空相、不生不滅、不垢不浄、不増不滅」、つまりすべての存在に実体がなければ、「初めから生じもせず、死にもせず、穢れもせず、浄まりもせず、増しもせず、減りもせぬ」という一節にひっかかる。たしかにいま、ここに在る「私」は、どうなるのだ、と。第七章の「私たちは凡夫であるがゆえに、不浄を美しいと思うときがある。」につづく一節の描写は、鮮烈である。「惚れた女のどこが汚なかろう。愛しい子のどこがきたないというのだろう」と作者がいうとき、「般若心経」は、「私」に逃れがたい迷妄の深さを教える。しかし同時に、悟った者の高みの方へではなく、作者は、家族とともに業の花を咲かせ、のたうちまわって生きるしかないと「心経」に背中を押されるのである。

このように「般若心経」の色即是空の教えに励まされて、なお人々の生きる煩悩の闇のなかへ戻るかのような水上の語り口からは、一休禅師の姿が透けて見える。

この先輩僧がなぜに、正月がくると、竿のさきに骸骨をくって、「御用心、御用心」と家の戸口に立ったかの理由を説明されなかった。このような立場から「般若心経」の解釈をしてくれる人もなかった。（第六章）

風狂に生きる一休の奇矯なふるまいとみえるが、竿のさきの骸骨は、「心経」の色即是空の教えを人々に示すものであり、有漏路（煩悩の世界）と無漏路（悟りの世界）のさかい目のひと休みをその名の由来とするにふさわしく、一休禅師は大悟を得ても庶民の生きる地獄に寄り添う存在なのである。そしてそこに、作者はみずからを重ねるようにして語ってゆく。

数多ある「心経」解釈のうち、本書のなかで作者が引くのは、一休禅師と正眼国師（盤珪）の仮名法語や道歌だけである。ともに臨済宗の高僧でありながら寺を出て庶民のなかへ分け入り、平易なことばでほとけの教えを説いたとされる。作者もまた幼くして寺へ出され、十一歳のとき臨済宗相国寺塔頭瑞春院にて得度するも、苛酷な生活に堪えきれず脱走、衣笠山等持院に移ったが十七歳で還俗した経験をもつ。この小僧時代につぶさに見た教団の腐敗への強い反撥は、のちに『雁の寺』（一九六一）や『銀の庭』（一九六三）、『金閣炎上』（一九七九）といった作品群へと溶かし込まれている。また一九七五年には、後小松天皇の落胤でありながら権力を嫌い、教団を痛罵し、酒食女犯に耽り、盲目の森女との愛欲に溺れる憂き世の地獄のなかに禅境を見出す『一休』をあらわして谷崎潤一郎賞を受賞している。水上勉の文学世界においても、一休宗純の存在は別格といえる。とはいっても、作者に、みずからを一休になぞらえるような衒いがあるわけではない。本書でも、ときに一休禅師や正眼国師の教えに不満をぶつけるくだりがある。むしろこのとき水上がそれとはなしに共感を寄せているのは、良寛ではないかと思われる。「あとがき」では、一休、盤珪を「異端の僧として風格を尊ばれている」とし、「良寛さまもその仲間に入れてもよいと思う」と本文中には登場しない良寛にふれている。「経はとかれず、弟子もとられず、寺にも住まれなかった。山の五合庵に乞食僧として住み、（中略）俗にまみれて生涯をとじられた」、「ご当人は自分についてのことは何も書きのこされず、すばらしい道歌や法語だけをのこして果てられた。いってみれば、文芸の人というべきか」と書きつける。

本書はもともと、一九八三年、ＰＨＰ研究所の新書シリーズ21世紀図書館の第一冊として書きおろしで刊行された。このとき水上はほぼ並行して、「良寛」（『中央公論』一九八三年一月号〜十二月号）を連載している。すでに一九七五年に『蓑笠の人』、『良寛　正三　白隠』を刊行していたにもかかわらず、みたび、良寛に迫り、これは翌年、毎日芸術賞を受賞する。のちに「『良寛』は、『一休』を書いているうちに書きたいという意欲が湧いたように思う」（『新編水上勉全集』第十巻「あとがき」）と回想し、二人の共通点として「教団の外で生きて、詩文を創作し、教団を批判した作品も残していること」を挙げる。旧著では童話に描かれる子どものような親しみ深い良寛像にひびを入れ、乞食僧として地獄の現世を生きる良寛を導いたが、三度目の『良寛』において水上は、父の死によって詩魂をよびさまされ、文芸への執心を生じた、日本にはじめて登場する禅文芸人としての良寛を見出すのである。『「般若心経」を読む』はちょうどその折に書きおろされた一書であり、「心経」を前にして作者自身の「文芸への執心」がためされているかのようである。

鉄舟も、白隠も、仮相の山の美しさを見、噴火さわぎを見たが、厄介なことに、その仮相の山をうたって「歌」が生まれ、噴火を論じて、「語録」が生まれたのである。後世の私たちは、その歌や、語録に、「真理」さえも見た。これが、つまり迷妄の特権だといえるだろう。諸法は空相なりの段で、私がしつこくひっかかっているのは、このところなのである。(第四章)

すべては空なりといえども、仮相は見える。仮相に触発されて文芸が生じ、それが真理の光明をもたらすことはないのか。「心経」に「この無尽蔵なる凡庸人の錯覚よ」とたしなめられても、ここにいう「迷妄の特権」は、苦しみの現世で地獄を抱きしめてあるがままに生きようとする水上の禅文芸人としての境地を示している。のちに、水上は『一休文芸私抄』(一九八七年、朝日出版社)で再び一休に挑み、一歩進んで一休の文芸を、「私小説」ふうに事実をウソらしく、ウソを事実らしく詩文にしあげて、後世の私たちを化かそうとなさった文芸の道」として捉え直している。「要するに真実がのぞけばいい」のである。『簑笠の人』における「越佐草民宝鑑」や、『一休』における「一休和尚行実譜」といった架空の文書を用いた虚実綯い交ぜの評伝も、まさにそれである。本書は作家水上勉の来し方を鏡とした、高遠な「心経」の世界に分け入るためのすぐれた案内書でもあり、同時に、水上文学を味読するための鍵でもあるのだ。

（たかはし・こうじ　日本近代文学研究者）

「般若心経」を読む――「色即是空、空即是色」――
愚かさを見すえ、人間の真実に迫る
一九八三年　ＰＨＰ研究所刊
一九九一年　ＰＨＰ文庫
本書は一九九六年五月に刊行された
『新編水上勉全集　第二巻』を底本とした。

中公文庫

「般若心経」を読む

2020年5月25日　初版発行

著者　水上　勉

発行者　松田陽三

発行所　中央公論新社
〒100-8152　東京都千代田区大手町1-7-1
電話　販売 03-5299-1730　編集 03-5299-1890
URL http://www.chuko.co.jp/

DTP　平面惑星
印刷　三晃印刷
製本　小泉製本

Published by CHUOKORON-SHINSHA, INC.
Printed in Japan　ISBN978-4-12-206886-5 C1115

中公文庫既刊より

各書目の下段の数字はISBNコードです。978－4－12が省略してあります。

S-18-1
大乗仏典1 般若部経典 金剛般若経／善勇猛般若経
長尾雅人 戸崎宏正 訳
「空」の論理によって無執着の境地の実現を目指す『金剛般若経』。固定概念を徹底的に打破し、「真実あるがままの存在」を追求する『善勇猛般若経』。
203863-9

S-18-2
大乗仏典2 八千頌般若経Ⅰ
梶山雄一 訳
多くの般若経典の中でも、インド・チベット・中国・日本など大乗仏教圏において最も尊重されてきた『八千頌般若経』。その前半部分11章まで収録。
203883-7

S-18-3
大乗仏典3 八千頌般若経Ⅱ
梶山雄一 丹治昭義 訳
すべてのものは「空」であることを唱道し、あらゆる有情を救おうと決意する菩薩大士の有り方を一貫して語る『八千頌般若経』。その後半部を収める。
203896-7

せ-1-6
寂聴 般若心経 生きるとは
瀬戸内寂聴
仏の教えを二六六文字に凝縮した「般若心経」の神髄を自らの半生と重ね合せて説き明かし、生きてゆく心の拠り所をやさしく語りかける、最良の仏教入門。
201843-3

な-14-4
仏教の源流――インド
長尾雅人
ブッダの事蹟や教説などを辿るとともに、ブッダの根本教理である縁起の思想から空の哲学を経て、菩薩道の思想の確立へと至る大成過程をあとづける。
203867-7

ま-9-5
理趣経
松長有慶
セックスの本質である生命力を人類への奉仕に振り向け、無我の境地に立てば、欲望は浄化され清浄となる。明快な真言密教入門の書。〈解説〉平川 彰
204074-8

ま-9-6
密教とはなにか 宇宙と人間
松長有慶
密教学界の最高権威が、インド密教から曼荼羅への展開、真言密教の原理、弘法大師の知恵、密教神話から密教の発展、思想と実践についてやさしく説き明かす。
206859-9

や-71-1
臨済録
柳田聖山訳
仏に逢うては仏を殺し祖に逢うては祖を殺せ。権威や既成概念に縛られず自由を得よ。動乱の唐末、人間を肯定した臨済義玄の熱喝が千年の時空を超えて問う。
206783-7

み-10-20
沢庵
水上勉
江戸初期臨済宗の傑僧、沢庵。『東海和尚紀年録』などの資料を克明にたどりつつ、権力と仏法のはざまで生きた七十三年を描く。〈解説〉祖田浩一
202793-0

み-10-21
一休
水上勉
権力に抗し、教団を捨て、地獄の地平で痛憤の詩をうたい、盲目の森女との愛に惑溺した伝説の人一休の生涯を追跡する。谷崎賞受賞。〈解説〉中野孝次
202853-1

み-10-22
良寛
水上勉
寺僧の堕落を痛罵し破庵に独り乞食の生涯を果てた大愚良寛。真の宗教家の実像をすさまじい気魄で描き尽くした、水上文学の真髄。〈解説〉篠田一士
202890-6

み-10-23
禅とは何か　それは達磨から始まった
水上勉
栄西、道元、大燈、関山、一休、正三、沢庵、桃水、白隠、盤珪、良寛の生涯と思想。達磨に始まり日本で独自に発展した歴史を総覧できる名著を初文庫化。
206675-5

み-10-24
文壇放浪
水上勉
編集者として出版社を渡り歩き直木賞作家に。波乱に富んだ六十年を振り返り、様々な作家を回想、戦中・戦後の出版界が生き生きと描かれる。〈解説〉大木志門
206816-2

ひ-19-1
空海入門
ひろさちや
混迷の今を力強く生きるための指針、それが空海の肯定の哲学である。人類普遍の天才の思想的核心をあくまで具体的、平明に説く入門の書。
203041-1

ひ-19-4
はじめての仏教　その成立と発展
ひろさちや
釈尊の教えから始まり、中央アジア、中国、日本へと伝播しながら、大きく変化を遂げた仏教の歴史と思想を豊富な図版によりわかりやすく分析解説する。
203866-0